シリーズ「遺跡を学ぶ」008

未盗掘石室の発見

雪野山古墳

佐々木憲一

新泉社

未盗掘石室の発見
―雪野山古墳―

佐々木憲一

【目次】

第1章　雪野山古墳の発見

1　未盗掘石室と三角縁神獣鏡の出土

人、文化の行き交う要衝の地、近江

琵琶湖南部の東岸から一〇キロほど東にへだたった滋賀県八日市《ようかいち》市の北西端、南近江の平野に、標高三〇八・八メートル、平野からの高さ約二〇〇メートルの雪野山《ゆきのやま》が位置している。山頂は八日市市、近江八幡《おうみはちまん》市、そして竜王《りゅうおう》町の三市町の境界の合するところとなっている。

周辺は古来からの人、文化の流れが行き交う要衝の地であった。雪野山の西約一〇キロほどの野洲《やす》町には、弥生時代後期の銅鐸二四個が発見された大岩山《おおいわやま》遺跡、南約二〇キロの信楽《しがらき》町には、その存在が考古学的に最近追認された紫香楽宮《しがらきのみや》、そして北一〇キロの安土《あづち》町には天下布《てんかふ》武《ぶ》の城で名高い安土城と、著明な史跡、旧蹟が数多くある（図1、2）。

これらさまざまな時代にわたる多くの遺跡の存在とともに、この地がいわゆる近畿圏にあり

ながら、奈良や京都といった畿内中枢部とは異なる歴史的な性格と歩みをもつ地域として、考古学の上でも、いままで多くの議論と問題を提起してきたところでもある。

一九八九年九月二六日、この雪野山の山頂は、上空には報道のヘリコプターが飛び交い、異常な興奮に包まれていた。この日、八日市市教育委員会が、雪野山山頂で古墳時代前期の未盗掘の竪穴式石室《たてあなしきせきしつ》（石槨《せきかく》）を発見したことを公表したからである。

次いで一〇月一日に行われた現地説明会には、二二五〇名の市民が山頂の古墳を見学に訪れた。当時はまだ登山道がほとんど整備されておらず、山頂に登るには獣道《けものみち》のようなところをたどって三〇分ほど歩かねばならなかっ

図1●雪野山古墳遠景
中央の山の最高地点に古墳はある。

たのにもかかわらず、である。
雪野山古墳の発見はさまざまな意味で衝撃的であった。

それまで雪野山山麓には古墳時代中後期（五～六世紀頃）のものと思われる約二〇〇基の小円墳の存在が知られていたが、山頂に前期古墳があるとはまったく知られていなかった。

当初の雪野山古墳の調査目的は、学術調査というよりも、「雪野山史跡の森整備工事」の一環として、この素晴らしい眺望の山頂に展望台を建設する計画がもちあがったための事前調査であった。

そのため前期の前方後円墳を新たに確認できただけでも地方新聞の記事になったであろうが、そこから未盗掘の竪穴式石室が発見されたのだから、前期古墳時代研究に新たな知見が得られると、みんなの期待は高まったのである。

加えて、「邪馬台国位置論争」で「卑弥呼の鏡」とも俗称される、三角縁神獣鏡《さんかくぶちしんじゅうきょう》が三面出土したことも話題を大きくした（図3～5）。

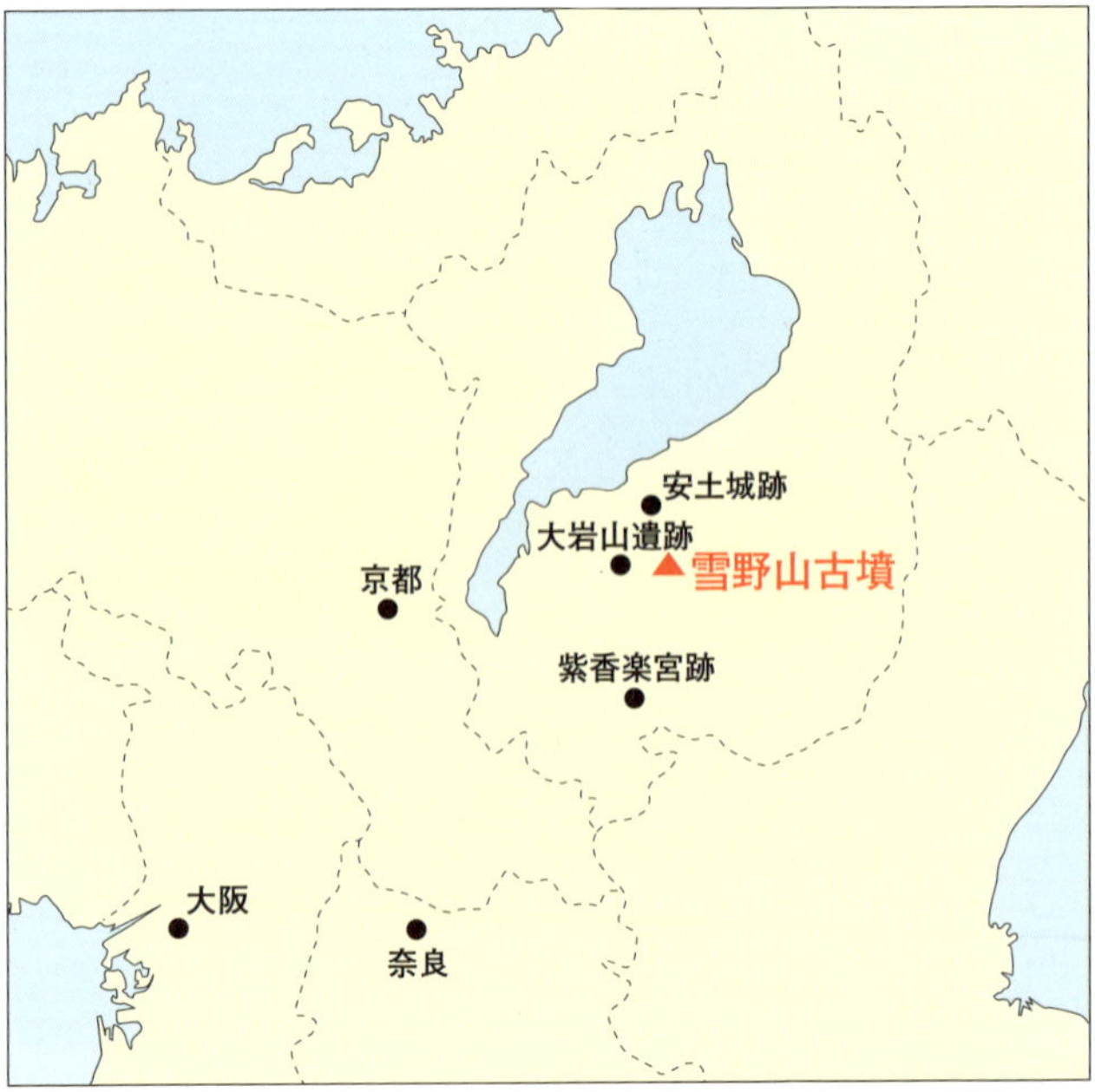

図2 ● 雪野山古墳周辺地図

図３ ● **三角縁波文帯盤龍鏡**（さんかくぶちはもんたいばんりゅうきょう）
被葬者の推定頭部付近に置かれた３面のひとつ
内区（59ページ、図39参照）の主たるモチーフとして盤曲した龍を鋳出したもの。
その外側に二重のぎざぎざ線（波文）がめぐっている。

図 4 ● **三角縁唐草文帯四神四獣鏡**（さんかくぶちからくさもんたいししんしじゅうきょう）
被葬者の推定足部付近に置かれた 2 面のひとつ
内区の主たるモチーフとして神像 2 組、獣像 2 組が鋳出されている。
その外側に唐草文がめぐっている。

図５●亲出銘三角縁四神四獣鏡（しんしゅつめいさんかくぶちししんしじゅうきょう）
被葬者の推定足部付近に置かれたもう１面
内区の主たるモチーフとして神像２組、獣像２組が鋳出されている。
その外側に銘文がめぐっている。

未盗掘古墳の調査例

ここで、未盗掘の古墳時代前期の埋葬施設調査例を若干振り返ってみよう。最近では、奈良県御所《ごせ》市の鴨都波《かもつば》一号墳（二〇〇〇年発掘）と天理市の黒塚《くろづか》古墳（一九九六〜七年発掘）が大きな話題を呼んだ。

鴨都波一号墳は、古墳時代前期中葉の、南北二〇メートル、東西一六メートルの小方墳である。古墳全体が埋没していたため、埋葬施設である粘土槨《ねんどかく》が盗掘を受けることなく今日に至ったためずらしい例である。

三角縁神獣鏡が棺内《かんない》から一面、棺外から三面、合計四面出土した。前方後円墳を頂点とする西日本における古墳時代の墳丘序列の最下位に位置づけられていた方墳から発見された点、また埋葬施設が竪穴式石室ではなく、被葬者の社会的地位があまり高くないことを示唆させる、石の壁体《へきたい》を省略した粘土槨から三角縁神獣鏡が検出された点で注目される。

黒塚古墳は、古墳時代前期初頭の、全長一三二メートルと奈良盆地南東部では中規模の前方後円墳である。竪穴式石室より三角縁神獣鏡が三三面出土して、新聞全国紙の一面トップを飾ることになった。

竪穴式石室の上部半分が崩れていたため、盗掘をまぬかれたようである。それにより三角縁神獣鏡が被葬者の収められた棺の外側で、すべて古墳築造当時に置かれていた位置を保ったままで発見された。また棺内の副葬品も当時のままの位置で検出できた。ヤマト王権の中枢の地とされる奈良盆地南東部ではじめての三角縁神獣鏡の発見であった。

図6 ● **関連するおもな古墳**
本書に登場する古墳の位置を示した。

さらにさかのぼって、一九九三年には、神戸市の西求女塚《にしもとめづか》で三角縁神獣鏡七面が出土している。

西求女塚は、古墳時代の前期初頭に比定される全長約九五メートルの前方後方墳で、地震により竪穴式石室が完全に崩壊した状態で検出されたため、腐朽しない遺物はすべてそろっていた。しかし、副葬品が当時どのような位置に置かれていたかなど、不明なところが多い。

雪野山古墳の発見と同じ一九八九年の二月には、兵庫県揖保《いぼ》郡御津《みつ》町にある古墳時代初期の権現山《ごんげんやま》五一号墳（全長四二・七メートルの前方後方墳）の竪穴式石室から、三角縁神獣鏡が五面発掘された。

一部盗掘されていたことから、発見された副葬品がすべてとはいえないが、弥生時代後期に吉備《きび》の首長《しゅちょう》権が古墳出現において大きな役割を果たした根拠とされる「特殊器台《とくしゅきだい》」型埴輪《はにわ》と三角縁神獣鏡が同一の古墳から検出された唯一の例として注目される。

2　新事実の発見と研究の基礎

以上、未盗掘古墳の調査例をみてきたが、未盗掘であったうえに、石室の保存状況がきわめてよかった雪野山古墳発見の重要性は計り知れない。一部でも盗掘を受けていると、検出された青銅鏡や武器などの遺物が、古墳築造当時に副葬されたものすべてを代表しているかどうかはわからない。

　また、未盗掘であるということは、遺骸の埋葬当時に副葬されたのと同じ位置を保っている可能性が強いということである。これを考古学で「原位置《げんいち》」という。

　同じ副葬品でも、出土位置・状況によって解釈が変わってくる。たとえば、三角縁神獣鏡が雪野山古墳のように棺の中に置かれていたか、あるいは黒塚古墳の場合のように棺外であったかによって、被葬者にとっての三角縁神獣鏡の意味づけが違ってくるである。

　さらに保存状況のよさについては、従来の考古学における「資料的限界」を一部超えたという点で雪野山古墳の調査は貴重である。

　一般に古墳の副葬品の場合、木製品など有機質の遺物は残りにくい。ところが、雪野山古墳の竪穴式石室内では、木製の合子《ごうす》（身と蓋からなる小さな容器）や革製の靫《ゆぎ》（矢を入れて携帯

図７●出土した靫（ゆぎ）
矢を入れて背負う武具。革製の本体は失われたが、残った漆膜で形がわかった。

する容器、図7）、そして靫の木製背負い板などの表面に塗られた漆が検出された。本体の木や革は失われていたが、漆膜《うるしまく》が残っていたため、合子や靫の全体像をつかむことに成功した。

このような靫の検出は、雪野山発掘以前には一例しかないため、まれな発掘例といえる。さらに合子や靫の背負い板は、これまで石製模造品や埴輪から間接的にその存在が推測されていたのであるが、それらの現物の一部がはじめて検出されたのである。古墳時代の物質文化研究への貢献は大きい。

以上のように、未盗掘竪穴式石室を残した雪野山古墳の発見とその調査が、前期古墳時代の研究に果たす役割は非常に大きいといえる。本書でその全容を紹介することはできないが、そのおもな内容をまとめ、発掘現場や調査研究活動のなかで私自身が経験したことを加えて、雪野山古墳とその発掘調査がもつ重要性の一端にふれてみたい。

第2章　雪野山古墳を掘る

1　竪穴式石室の発掘

竪穴式石室とは

竪穴式石室は、一般に前期古墳に採用されることの多い埋葬施設である。

古墳の墳頂《ふんちょう》から「墓壙《ぼこう》」（墓穴《はかあな》）を大きく掘り込み、その底に木棺《もっかん》を安置する粘土の台を設ける。それを「粘土棺床《ねんどかんしょう》」と呼んでいる。粘土棺床の四方には、石の壁を構築する。この壁に囲まれた空間が「石室」となる（図8）。棺と石室との間の空間が狭いことから、この石室を「部屋」ではなく、外側の棺、つまり「槨」と解釈し、「竪穴式石槨」と呼ぶ研究者も多い。

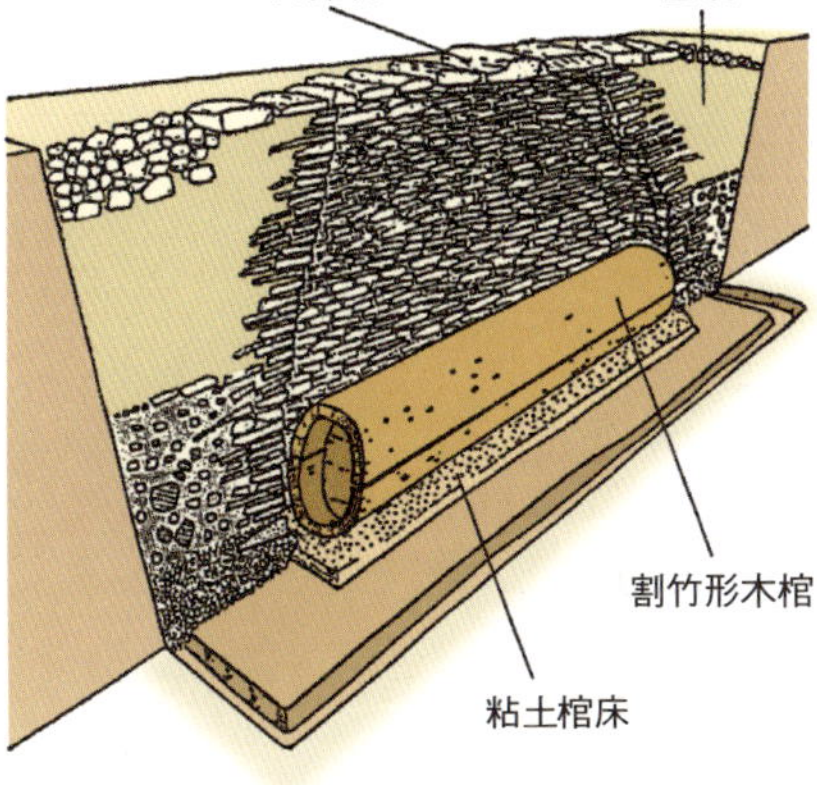

図8 ● 竪穴式石室の構造と各部名称

竪穴式石室は遺骸を安置し、棺を閉じた後、石室壁体最上段に「天井石《てんじょういし》」を置いて密閉される。天井石の上にも土が盛られる。以後、再び石室が開けられることはない。

一九八九年八月にはじめられた発掘調査では、表土の草の根をはいだ段階で、天井石を支える石室壁体最上段の石がすぐに露出した。石室を被う天井石は、南端の一個を除き、すべて失われていた（図9）。

発掘は、まず壁体最上段の石をすべて検出することからはじまった。その結果、両小口壁の上面が直線的ではなく、弧状に外側へ張り出していることがわかった。その規模は南北約六メートル、幅一・三五〜一・五メートルである。

石室上面を確定した後、徐々に石室内を掘り下げていった。たまった土は何層にも分かれており、上半分と下半分で異なる時期の遺物が発見された。埋没は何段階もの過程を経たことがわかる。石室内を約一・五メートル掘り下げたところで、青銅で作った鏡（青銅鏡）など、粘土棺床に残る副葬品が顔を出した。九月一日のことである（図10）。このときの発掘担当者石原道洋《みちひろ》さん（八日市市教育委員会）の感激は想像を絶するものであったろう。それまでの調査

図9 ● 竪穴式石室の上面を検出したところ
天井石は南端に一個残されているだけだった。

段階では、石室が未盗掘であることはまだわかっていなかったのだ。

ここに調査主体の八日市市教育委員会は、奈良国立文化財研究所（現奈良文化財研究所）の指導を受け、九月一三日から、都出比呂志《つでひろし》教授（大阪大学）を団長とする発掘調査団を組織し、本格的な学術調査の態勢で発掘を進めることになったのである。

縄掛け突起を有する木棺

雪野山古墳の被葬者の遺骸はそのまま石室内の粘土棺床に置かれたのではなく、木製の棺に納められていた。しかし、長い年月の間に、有機質の木棺本体は腐食でほとんど失われ、青銅鏡が直接置かれた部分だけに木質が残存していたにすぎない。

竪穴式石室の床面に、長大な木棺を安定して置くために、中央で四〜八センチ、両側部分で一〇〜一二センチの厚さの粘土が貼りつめられていた。これが粘土棺床であるが、この粘土棺床の木棺が置かれた部分は、木棺の底面にそって、両側が高く、中央部分が一番低くなっている。つまり横断面が弧をなして

図10●検出途中の粘土棺床
粘土棺床の上に副葬品が顔を出した。

図 11 ● **ほぼ完掘された石室**
有機質の木棺本体は腐食でほとんど失われ、鏡などの副葬品が粘土棺床に直接置かれたかような状態で見つかった。

いた（図13）。

粘土棺床の形態から計った雪野山古墳被葬者の木棺は、幅が北端で九〇センチ以上、南端で八〇センチ以上、長さは五・六メートルであったと推測される。この棺の規模は、前期古墳の木棺の大きさとしては平均的なものである。一人の遺骸を入れるには大きすぎるように思えるが、それは副葬品を入れるからであるという説が一般的である。

前期古墳の木棺の典型例としては、「割竹形《わりたけがた》木棺」といって、図8のような円筒形の棺がよく紹介されるが、雪野山古墳の木棺は、厳密にはこの割竹形木棺にはあたらない。というのは、粘土棺床の横断面が半円ではな

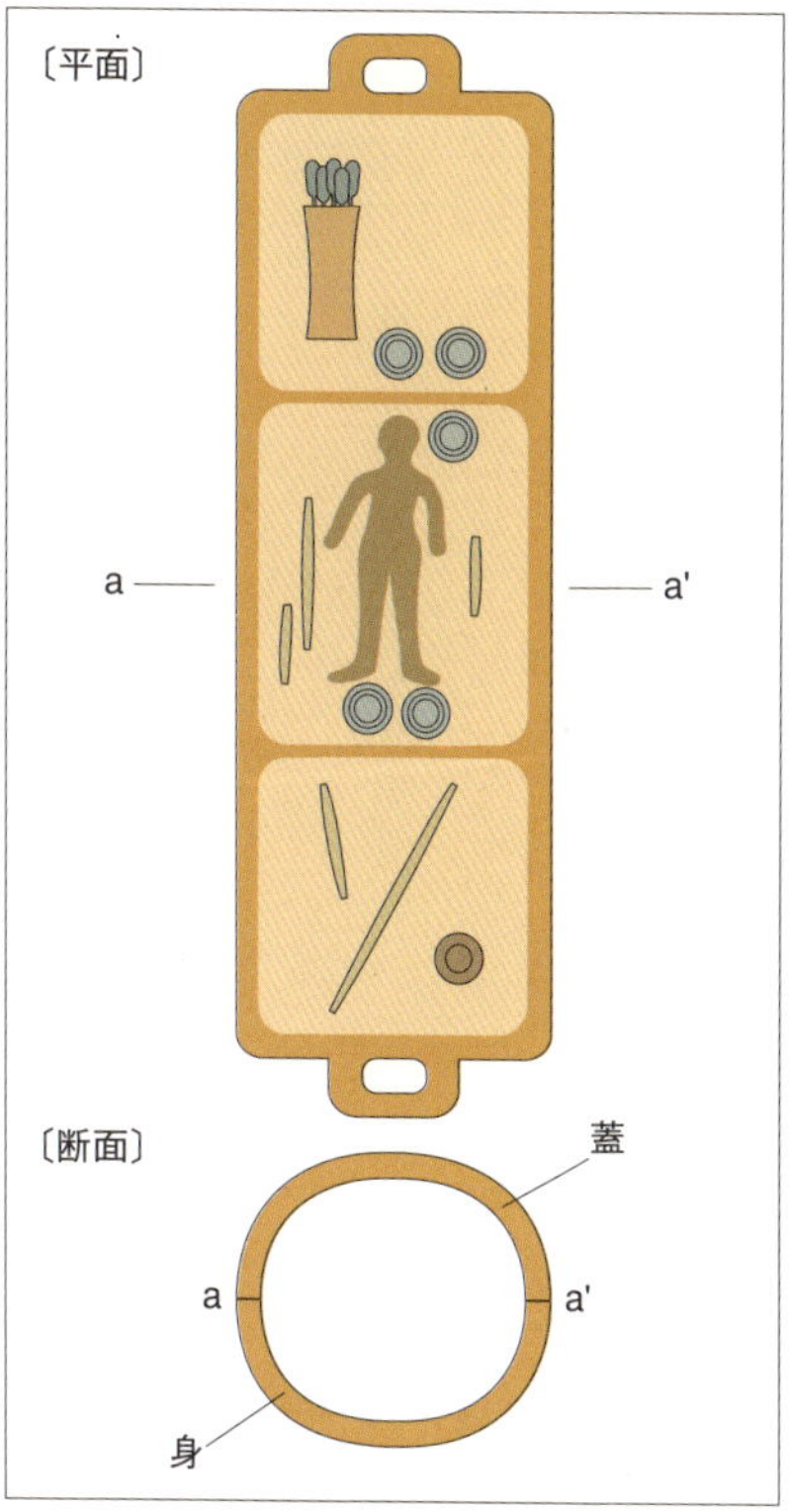

図12 ● 雪野山古墳の舟形木棺概念図

図13 ● 粘土棺床の、弧をなす断面形態
木棺を安定して置くための粘土棺床は、
失われた木棺の底面の形を示している。

く、緩い弧になっているのである。

雪野山古墳の木棺に類似した形態の木棺をもつ前期古墳は比較的多く、奈良県天理市の中山大塚《なかやまおおつか》古墳（全長一二〇メートルの前方後円墳）、京都府向日《むこう》市の元稲荷《もといなり》古墳（全長九四メートルの前方後方墳）、前述の権現山五一号墳などがある。

雪野山古墳の木棺には、この横断面形以外に、いままでほとんど例のない特徴がいくつか見られた。そのひとつは、平面形（プラン）である。一般に木棺の平面形は長方形だが、雪野山の場合は長方形の短辺（木棺の端部）が直線ではなく、中央部分が大きく外に張り出していた。

この張り出し部分を慎重に掘っていくと、粘土棺床に半環状《はんかんじょう》をした「溝」のようなものが見えてきた（図14）。木棺は腐食で失われたが、代わって後から砂が入り込んで、半環状の溝を粘土棺床に残したのである。これはいったい何の痕なのだろうか。

この部分の発掘を担当した調査員は緊張し、あらためて木棺全体の形を頭の中に浮かべて、木棺についていたであろう、半環状の「突起」をイメージしてみた。そして間もなく、それが石棺には例の多い「縄掛け突起」であろうと考え当たった。木棺の縄掛け突起

図14 ● 粘土棺床に残された半環状の溝
木棺に縄掛け突起があったことを示している。

が確認されたのはこれがはじめてであった（このような明確な形ではないが、おなじ前期古墳の奈良県桜井市の桜井茶臼山《ちゃうすやま》古墳でも木棺に縄掛突起があったことが想定されている）。

この縄掛け突起を、機能しない、シンボリックなものとする考え方もある。しかし、この縄掛け突起が機能していたと私は推測する。長大な木棺を古墳が築造された雪野山の山頂まで引き上げる必要性があったからだ。このような長大な木棺を作るためには、直径が一・五〜三・〇メートルくらいの大木が必要である。この太い丸太を頂上にあげるよりも、棺に加工したものをあげたほうが効率的であろう。突起に数多くの縄を通し、木棺を山頂まで引き上げたと考えたい。

雪野山古墳の木棺のそのほかの特徴として、棺の身の内側を分ける仕切り板が存在したことがあげられる（図12、15）。

棺は、北端から一・五メートルの副葬品を置くための「北区画」、遺骸を安置した二・四メートルの「中央区画」、そして南端から一・二メートルの副葬品を置くための「南区画」に分かれていた。遺骸

図15 ● 残されていた仕切り板
上：南部（被葬者の足もと）
下：北部（被葬者の頭部付近）

は残っていなかったが、他の古墳の例から推測すると、棺のやや幅の広い北の方に頭を向けて置かれていたようである。

こうして竪穴式石室を底部まで掘って石室の規模が確定した。石室の内法は床面で長さ六・一メートル、北端幅一・五メートル、南端幅一・三五メートル、高さ一・六メートルであった。

図16 ● 遺物の出土状態

2 原位置のままの遺物検出

棺内の副葬品

雪野山古墳では副葬品を主とする多数の遺物が出土したが、棺内遺物のすべて、棺外で検出された遺物のほとんどは、遺体が葬られた当時のままといってよい「原位置」を保っていたことはすでに述べた。では、どのような遺物がどのように検出されたのかをみていこう。

棺内遺物は、一九八九年の第一次調査時にほとんどすべて検出された（図16）。

まず木棺の北区画（仕切り板の北側）の北端から順に、鉄製農工具（鎌《かま》二、鉇《やりがんな》二、鑿《のみ》一、小型のナイフ二以上、針?・三）、紡錘車の形をした石製模造品二、二九本の矢を納めた黒漆塗りの靫、さらに靫の東側で本来何であったか不明の漆製品が検出された。

中央区画の北側仕切り板付近、すなわち被葬者の推定頭部付近では、鼉龍鏡《だりゅうきょう》、三角縁波文帯盤龍鏡（三角縁神獣鏡の一種）、内行花文鏡《ないこうかもんきょう》の鏡三面（図18）、鍬形石《くわがたいし》と呼ばれる腕輪形石製品、琴柱形《ことじがた》石製品各一（図17）が発見された。

青銅鏡は一面を除きすべて割れた状態であったが、本来の位置関係を保った状態で破片がそろっていた。埋葬以降約一七〇〇年間の

図17 ● 頭部付近で出土した腕輪形石製品（上）と琴柱形石製品（下）

間に自然の営みによって割れてしまったのであろう（この観察にこだわるのは、鏡を副葬にあたって意図的に割って、棺内、棺外に破片を置くケースもあるからである）。

内行花文鏡より三〇センチ南から管玉《くだたま》が一点のみ検出された。本来玉類は多数で一組のネックレスを構成するものなのに、なぜ一点のみなのか、いまだにわからない。古墳は往々にして、合理的観点からは理解不可能な、シンボリックな行為の痕跡が残っていることが多い。この管玉もそういった、ある種の特別の意味があったのであろう。こうした解釈ができるのも、石室が未盗掘のおかげである。遺骸の両脇には鉄剣、鉄刀が置かれていた。

南側仕切り板付近では、三角縁唐草文帯四神四獣鏡と粂出銘三角縁四神四獣鏡が発見された。

南区画からは、その中央に鉄刀、それより西側に鉄剣、鉄鏃《てつぞく》三本、ヤス一一本以上が、その鉄刀より東側には、水銀朱を入れた壺が一点と鉄鏃三本が発

図 18 ● 被葬者の頭部付近に置かれた 3 面の青銅鏡
内行花文鏡だけが伏せて（写す面が下）置かれていた。

見された。この壺の中にあった朱と鍬形石付近に散布された朱は同じものである可能性が高い（図19）。

以上が第一次調査で精査した棺内遺物（副葬品）とその出土位置である。これだけの豊富な出土遺物を、出土状況を正確に図化しながら取り上げて、調査は一一月に突入してしまった。一九八九年の調査はこれで終了し、以後、一九九二年まで四次にわたって調査がおこなわれた。

武器、武具を中心とした棺外遺物

棺外の副葬品は、ほとんどが武器、武具類である。これらの検出も、第三次調査中におこなわれた漆遺物の取り上げを除いて、第一次調査中におこなわれた。

北側からは小札革綴冑《こざねがわとじかぶと》（図20）、黒漆塗りの木製合子と二六点の竪櫛《たてぐし》（図21）が発見された。

前述のように木製品は遺存しにくいため、合子も、表面に塗布された漆だけが膜として残っていた。漆膜の裏面に残る木目から、これが木製品であり、木目から合子の形に復原できたのである。ともあれ、木製合子の現物は、一部

図19 ● **木棺南区画の副葬品配置**
右側にある壺の中にあった朱と、棺内に散布された朱は同じものである可能性が高い。

にせよ日本ではじめての発見例となった。

合子の中には、重なった状態で出土した櫛が入れられていたものと考えられる。この櫛は「竪櫛」といって、幅が狭く、歯の部分が長いものである。歯の部分は漆が塗布されていなかったため失われていたが、手にもつ部分に塗布された漆は完存していた。

西側では、北より、鉄槍《てつやり》一・鉄剣二・鉄鏃五・銅鏃五（以上ひとまとまり）、銅鏃四、織物製の靫、性格不明の黒漆製品、黒漆の矢柄《やがら》六本以上、鉄鏃三、銅鏃三四、黒漆塗りの棒状製品（槍の長柄か？）、矢柄が置かれていた。東側は、北から、漆塗りの革製品や木製品など性格不明の器物数点、黒漆塗りの木製短甲（漆膜として出土）、長さ一・五メートルの木製漆塗り製品（盾の可能性もあるが、不明）、その直下から銅鏃一九、鉄槍二（黒漆塗りの長柄をともな

図20 ● 小札革綴冑
小札（上）と出土状況（下）

う)、銅鏃一、鉄鏃二が出土した。

南側には、靫の背負い板の部分が黒漆膜の状態で遺存していた。漆膜の裏面には木目が残っていたので、この漆が木製品の表面に塗られていたことがわかった。靫の背負い板や木製短甲など、この種の漆製品の検出は困難をきわめた。砂の中に黒い漆膜片が散見されるので、ピンセットで砂粒ひとつひとつを除去して膜全体を検出するよう努めた。粘土棺床に毛布を敷いて、そこに腹ばいになって、気の遠くなるような砂粒除去の作業を何日も交替でおこなった。

一九九一年四月のある日、粘土棺床南端で、漆膜の検出作業をおこなっていた調査員が、驚き、感激の声を上げた。そして彼は、検出した漆膜のおおよその形を私に示してくれた。それは

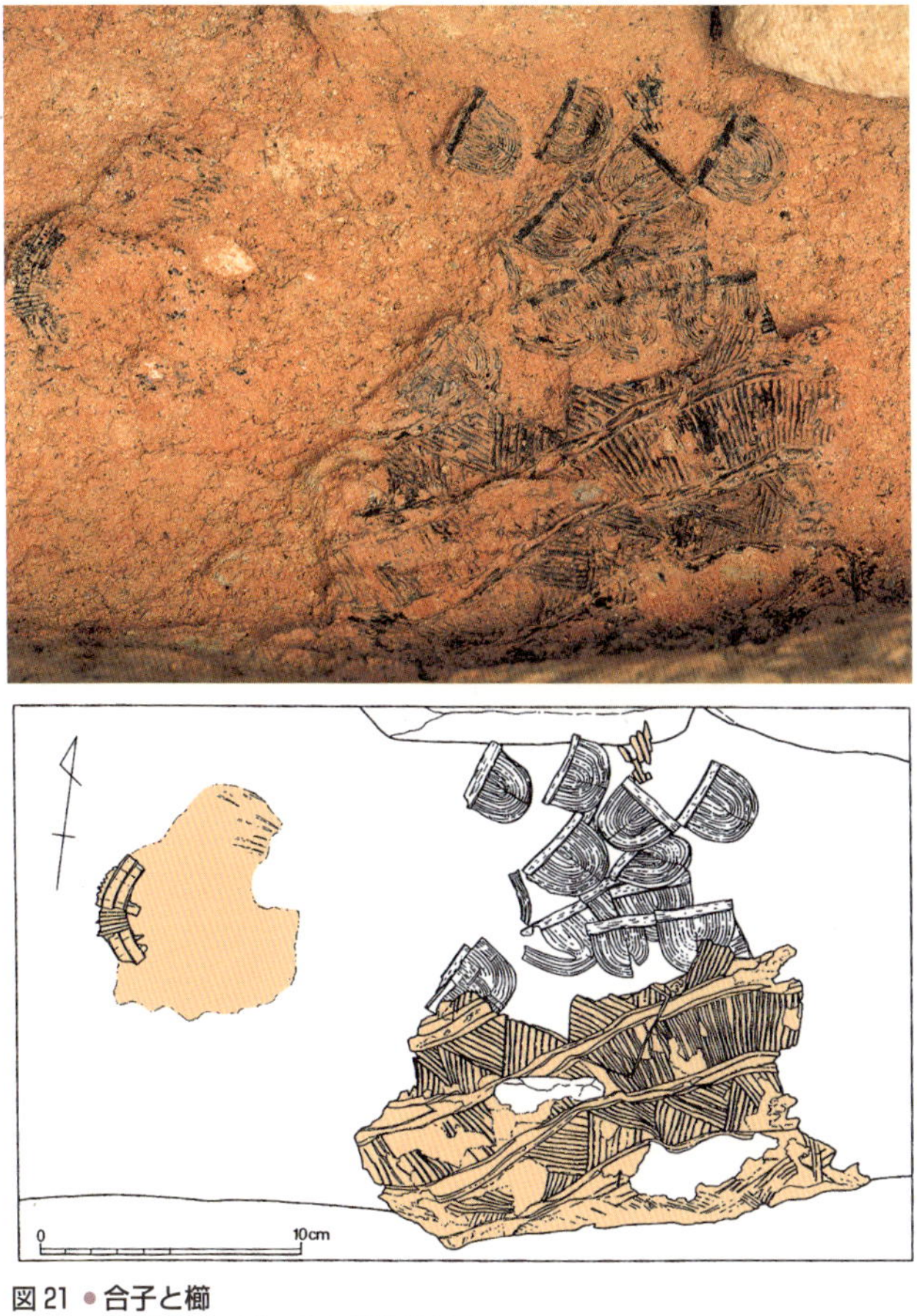

図21 ● 合子と櫛
下図のベージュ色の部分が合子で、
灰色の部分が櫛。

奈良県御所市の室大墓《むろのおおはか》（宮山古墳《みややま》）出土の靫形埴輪の肩の部分に似ていたのである。私たちが実体もわからずに検出していたのは、当時埴輪からしかうかがうことができなかった靫の背負い板の肩の部分だったのである（図22）。漆膜だけで木質部は失われていたとはいえ、まさに古墳時代の靫背負い板の実物（一部）の最初の発見だった。

漆膜は、そのままでは取り上げが不可能なので、写真撮影後、検出面（表面）にアクリル系合成樹脂を塗布し、ガーゼをあて、ガーゼごと取り上げた。したがって報告書の取り上げ後の写真は、漆膜を裏返した、裏面からの像となる。

そのほか、棺外床面から高い位置で発見され、原位置とは考えられない銅鏃三本と鉄鏃二本がある。これらは棺蓋《かんぶた》上に本来置かれていて、棺の腐朽により落下したと考えられる。

葬送儀礼に使った墳丘上の遺物

雪野山古墳の第三次調査では、竪穴式石室内の再調査（棺外遺物の検出）と併行して、墳形を確定するため各所にトレンチ（試掘溝）を掘った。その過程で土器片を多数発掘した。

これら土器のなかで雪野山古墳に直接関係があると思われるものは、後円部東斜面で検出された甕形《かめがた》土器の口縁部、肩部破片と、墳丘のクビレ部から前方部にかけての西側斜面で検出された二重口縁壺の破片のみである（図37）。原位置で発見された土器片は一点もなく、おそらく墳頂でおこなわれた葬送儀礼で使われたものが斜面に転がり落ちたものであろう。

埴輪は一点も発見できなかった。墳頂で埋葬施設が密閉された箇所の周囲や墳丘斜面のテラ

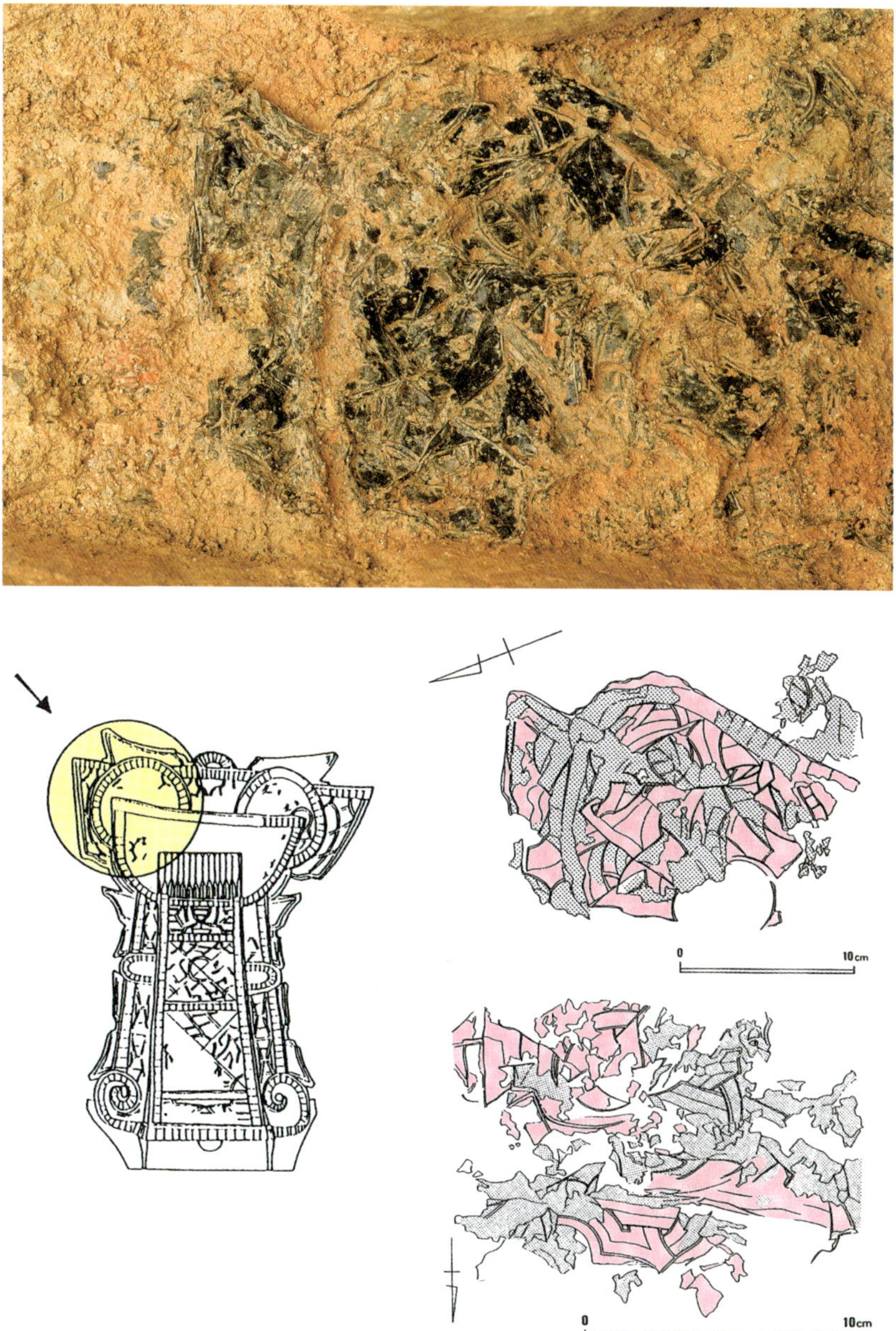

図22 ● 靫の背負い板の一部
左下図は奈良県御所市の宮山古墳から出土した靫の埴輪。

ス部分など、本来、埴輪が樹立されていそうな箇所はすべて発掘しているため、雪野山古墳には埴輪が樹立されなかった可能性がきわめて高い。これはこの古墳のひとつの特徴といえよう。

また、雪野山古墳築造以後の、時代の新しいいくつかの遺物が発見された。これらのもつ意味については、第三章で紹介する。

3 墳丘の形と規模を調べる

いまでこそ雪野山古墳は全長約七〇メートルの前方後円墳として学界で認識されているが、その結論に到達するまでには、多くの試行錯誤と議論があった。一九八九年の第一次調査では、予想もしなかった未盗掘の竪穴式石室の発掘に追われ、墳丘《ふんきゅう》形態の調査はいっさいできなかった。したがって、翌年四月二三日から五月六日まで、竪穴式石室周辺の測量調査を実施し、墳丘形態に関する手がかりを得ようとした（第二次調査）。ところが、古墳築造後の墳丘の改変、破壊が著しく、等高線二五センチ間隔で精密に測量したけれども、墳丘形態は皆目わからなかった。墳丘形態の確定は一九九一年以降の発掘調査にゆだねられたのである。

後円部形態の確定

正確な古墳の形や規模などを知るため、一九九一年（第三次調査）と一九九二年（第四次調査）に、墳丘の各所にトレンチを入れた。第三次調査開始の頃は、山城（京都府南部）の前期

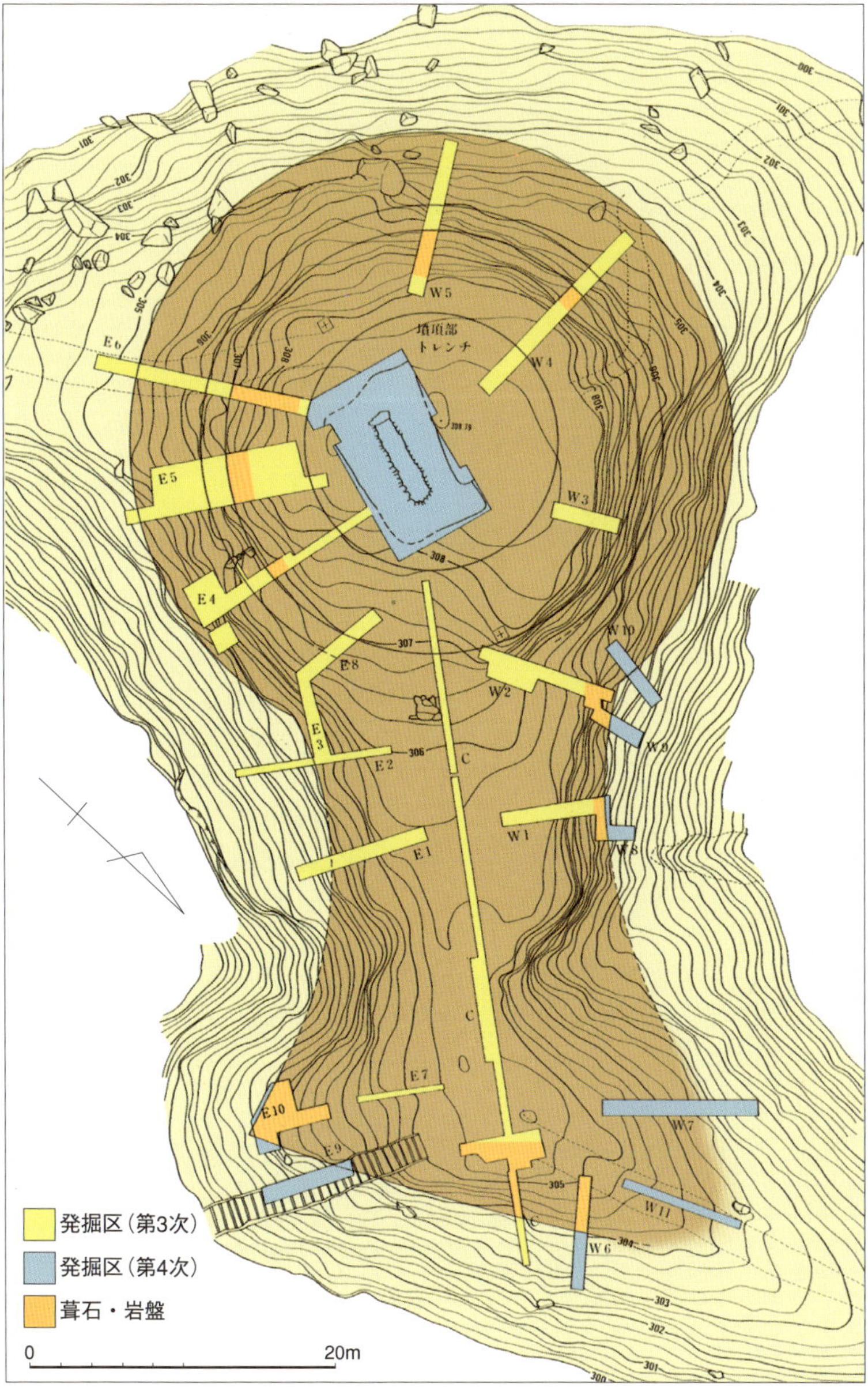

図23 ● トレンチの配置と推定される墳丘
1991年（第3次調査）と1992年（第4次調査）で、墳丘の各所にトレンチを入れて調査したことによって、やっと本来の墳丘の形がわかってきた。

前方後円墳に比べて副葬品が際だって豊かではないことから、前方後方墳ではないかとの意見もでた。畿内の古墳の場合、前方後円墳、前方後方墳、円墳、方墳という墳丘形態の序列と、副葬品の豊かさとの相関関係があるからである。

調査開始後間もなく、現在の後円部各所のトレンチから大きさがほぼ一定の多数の石を検出した（図24）。斜面の上部から崩落してきた石と、古墳築造当時から墳丘斜面に貼り付いていたであろう石とを慎重に区別しながら、各トレンチの調査を進めた。斜面に貼り付いた石は、人為的に置かれ、面をなしている。このように、古墳斜面を屋根瓦のように覆っている大量の石を「葺石《ふきいし》」という。

この葺石の裾をつないでいくと弧を描くことから、竪穴式石室が築かれたのは円丘であることが確実となった。ただ、これら葺石の裾がそのまま古墳の裾ではなく、墳丘斜面はさらに下に続くので、葺石が葺かれた斜面は二段築成の墳丘の上段と解釈した。墳丘上段の直径は約二五メートルである。下段は岩盤を整形したところが多く、明確な形で葺石を検出できなかったため、斜面が平坦になる、標高三〇四メートル前後のところを後円部裾と解釈した。これにより、後円部の直径は四〇メートルとなることが読めた。

図24 ● 後円部葺石の検出
（E４トレンチ・東から）

後円部の築造当時の高さはわからなかった。現存高は四メートル少々であるが、当時は五メートル近くあったのではなかったか、と推測している。というは、墓壙の大きさを確認するために墳頂部を発掘したとき、クビレ部に近い部分では、本来地下深くにあるべき下段墓壙と墳丘盛り土の境界線が地表直下にあらわれていたからである。埋葬の後、墓壙のテラス（44～46ページ参照）は本来完全に埋められてしまうのであるが、この部分の土が完全に削平されていたことになる。

前方部の存在を立証する

第三次調査では同時に、前方部の有無を確定するための調査をおこなった。

まず、雪野山古墳に前方部が存在すると仮定したときの推定主軸線上に約四五メートルの長いトレンチを設定した。そしてそのトレンチの、竪穴式石室からもっとも離れたところ、私たちが前方部前端斜面と想定していた箇所から岩盤を検出した（図25）。

その凸凹した岩盤表面はたしかに自然のものだが、古墳の葺石に似せたものとも当初考えた。しかし、推定前方部東側斜面の二カ所のトレンチでは、葺石など古墳に直接かかわる遺構、遺物がまったく検出できなかった。

図25 ● 前方部での岩盤の検出
（Cトレンチ・北から）

そのため、この推定前方部前端斜面の調査成果をどう解釈するかはしばらく保留しておいた。

ところが、第三次調査が進むと、推定前方部西側斜面のトレンチの裾部分から、原位置から動いてはいるけれども、葺石と考えられる石を検出した。また、クビレ部西側のトレンチでも、調査の後半に掘り広げた下半部で、古墳時代前期の土器片とともに原位置で葺石と考えられる石を検出した。この時点でやっと、雪野山古墳には前方部が存在する、つまり前方後円墳であるとの結論に達した。

同時に、前方部前端斜面の岩盤も、葺石に似せたものであるとの解釈の蓋然性が高くなった。また、斜面が平坦になるところをもって、前方部先端部の裾と判断した。これによって、雪野山古墳の全長（後円部先端部の裾から前方部先端部の裾まで）が一応七〇メートルと考える根拠がそろった。

図26● クビレ部の葺石の検出
（W2トレンチ・西北から）

前方部形態に迫る

つぎに問題となるのは、前方部の高さおよびその前端幅とクビレ部幅である。前方部主軸線上のトレンチでは、地表直下で地山の岩盤に到達するところが多く、前方部も後円部と同様、墳頂部は大きく削平されたようである。たしかに、本来より高くなるはずの前方部前端近くの標高が三〇五・三メートル（後円部裾より一メートルほど高いだけ）というのは考えにくく、もとは現状より一メートル以上高かったのであろう。すなわち、高さ二・五メートル程度と想定することができる。前方部の上半分が大きく削平された事情については、第三章で説明する。

前方部前端幅とは、雪野山古墳の北東コーナーと北西コーナー間の長さによって示される。幅を知るためには、両コーナーを発掘により確定すればよい。まず前方部北東コーナーについては、私たちがコーナーと予測した場所に岩塊《がんかい》が地表に露出しており、その付近を発掘すると、岩塊の裾の部分がコーナーのように屈曲していた。人為的にそのように岩塊を成形したのか、自然の作用でそのようになったのか不明であるが、いずれにせよ、前方部のコーナーらしい形態であったので、ここを前方部北東コーナーと判断した。

それに対して北西コーナーは削平されてしまったのか、皆目手がかりがつかめなかった。最終報

図27 ●岩塊の裾の屈曲
（E 10 トレンチ・南東から）

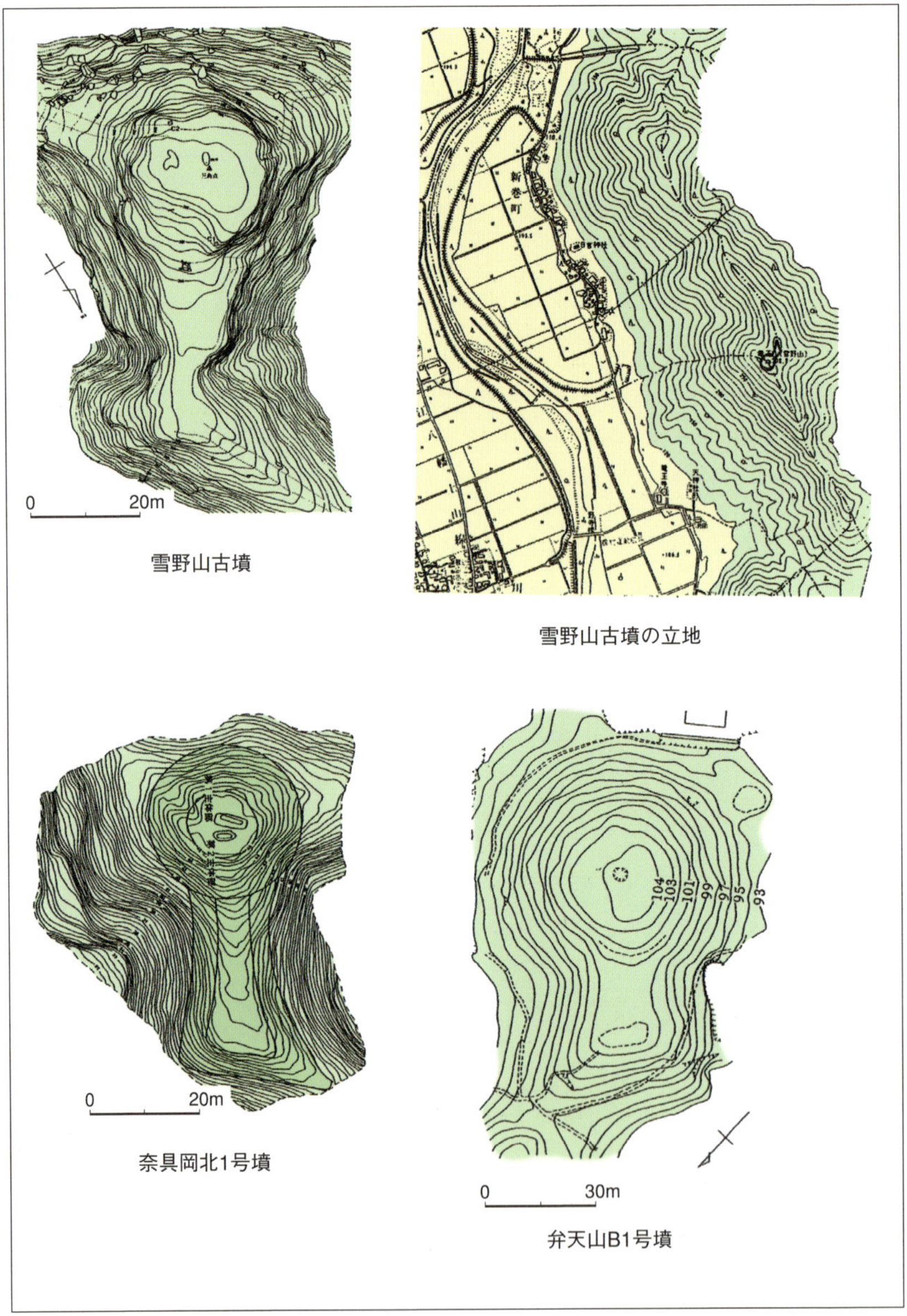

図 28 ● 近藤義郎氏が指摘する顕著な緩隅角をもつ古墳
上段： 雪野山古墳、下段左：京都府奈具岡北１号墳（「奈具岡北古墳群の調査」『京都府埋蔵文化財情報』60［1996］より；近藤氏により一部改変）、下段右：大阪府弁天山Ｂ１墳（『弁天山古墳群の調査』大阪府教育委員会 1967 より）

告でも「そのまま岩盤の尾根に続くのみでコーナー部の形成は行われていない」とのみ記されている。北西コーナーが確定できないため、前方部幅はわからない。

ただ、前方部前端の岩盤の走る方向に沿って、北西コーナーの存在が意図されたであろう尾根に向かって線を引くと、これが前方部前端を示すはずであるが、この線が古墳主軸と直交しないことは興味深い。第三章で説明するように、前方後円墳築造には一定の規格があった可能性は高い。しかし、雪野山古墳は、前方部前端が古墳主軸と直交する他の前方後円墳とは違うことから、むしろこの痩せ尾根上に立地させることと、さらに埋葬施設の北頭位を指向するということを優先させ、墳形をやや無理に企画したのではないかと考えられる。

この点について、近藤義郎氏は、墳丘への「登り道」として、前方後円墳前方部の片方のコーナーのみ意図的に勾配を緩くしたと、雪野山古墳以外にも一〇の実例をあげて説明している。雪野山古墳の前方部の北西コーナーは最初から明確に築造されなかった可能性が高い。

最後に、前方部が後円部に接続するクビレ部の幅はわからなかった。古墳のこの部分が中世と考えられる時期に大きく破壊されていたので、比較的広くトレンチをあけたのだが、古墳に直接関係がある遺構は見つからなかった。

このように、雪野山古墳の墳形確定は困難をきわめたが、それは墳丘が中世に大きく改変されていたこと以外に、葺石がよく残っていなかったこともひとつの原因である。この葺石の意義については第四章で議論したい。

第3章　築造のプロセスと儀礼

1　雪野山古墳の築造プロセス

前章では、雪野山古墳の発掘調査を、私自身の現場での体験も加えて説明した。本章では、できるかぎり古墳築造者の視点に立って、雪野山古墳とはどんな遺跡かを、未盗掘、原位置で発見された副葬品の意義などを考えながら、仮説的に説明したい。

どこに築くか

古墳時代前期、古墳は首長墓であった可能性が高い。前方後円墳はその後円部頂に設置された主たる埋葬施設に葬られた個人のために築造されたのであって、その個人のために膨大な労働力が投下された。古墳築造への参加が被葬者の権力によって、共同体の成員たちに強制されたか、あるいは築造が共同体全体の豊穣をもたらすと信じられ、共同体の一般成員たちが積極的に参加したのかは、考古学的にわからない。いずれにせよ、膨大な労力が投入されていることはまちがいない。

古墳築造は大きなプロジェクトである。その築造に先立ち、計画しなければならないことは数多くある。まず、どこに古墳を築くかである。雪野山古墳の場合、標高差約二〇〇メートルの小高い丘の頂上が選ばれた。前期古墳では、岡山市の備前車塚《びぜんくるまづか》（全長約四八メートルの前方後方墳）や前述の権現山五一号墳など、平野を見下ろす高地に築かれた例は少なくない。自分が支配する土地を眺望できる場所を選んだのだろうか。また、このような高所に築造することと自体が、同じ規模の古墳を平地に築造する場合より、より多くの労働力を必要とする。余分な労働力を投入することに、埋葬された首長のねらいがあったのかもしれない。

墳丘の形と規模

選地のつぎは墳丘の築造プランを決めることである。古墳時代の前方後円墳・前方後方墳には一定の築造規格があったらしいことが最近の考古学的研究の成果で明らかになっている。すなわち、全長、後円部直径、クビレ部幅、前方部長、前方部幅の一定の組み合わせがあって、その相似形が存在するという。たとえば、奈良県桜井市の箸墓《はしはか》古墳は全長約二七五メートルの古墳時代初期最大の前方後円墳であるが、岡山市の浦間茶臼山《うらまちゃうすやま》古墳はその二分の一、京都府向日市の五塚原《いつかはら》古墳はその三分の一、備前車塚は後円部と後方部の違いはあるが六分の一の規格で築造されたことがわかっている。箸墓に葬られた当時の最高首長が、古墳築造規格を地方の首長に「配布」したとの推測が可能である。

　ただ、箸墓の首長が直接、各地の首長に配布したとは考えにくい。築造プランの再コピーをくり返すと、徐々に墳形が原型と変わってくることが知られている。たとえば、向日市の寺戸《てらど》大塚《おおつか》古墳の築造プランは箸墓から直接もたらされたのではなく、むしろ付近の五塚原古墳のプランを模倣した、すなわち箸墓の規格が間接的に寺戸大塚古墳に伝わった可能性を和田晴吾《せいご》氏（立命館大学）が早くから指摘している。また、岡山県津山市の日上天王山《ひがみてんのうやま》古墳の築造プランも箸墓ではなく、岡山市の浦間茶臼山のコピーであると考えられている。この種の、地域で築造規格を再配分する役割を担った可能性のある古墳を澤田秀実《ひでみ》氏（くらしき作陽大学）は「地域類型墳」と呼んでいる。

　では、雪野山古墳はどの古墳の築造プランを参考にしたのだろうか。一九九一年四月二七日におこなわれた第三次調査の現地説明会で都出比呂志氏は、一般見学者へわかりやすい説明をとの配慮から「箸墓の四分の一ではないか」とされた。しかし現在は、平面プランはもちろんのこと、墳丘斜面の傾きなども考慮に入れて議論するので、都出氏も含め古墳時代研究者はもう少し慎重である。雪野山古墳の場合、クビレ部が大きく破壊されており、クビレ部幅が不明で他の前方後円墳との平面プランの比較が困難である。また前方部前端が主軸に直交せず、前方部全体が左右非対称であるから、箸墓をプロトタイプとするような解釈は受け入れ難い。

　雪野山古墳の墳丘のように、前方部の片方隅だけを極端に緩くした古墳の例を、近藤義郎氏は数多くあげて、後円部直径と前方部長さの比率などを考慮して、雪野山古墳に近い例は京都府弥栄町《やさか》（丹後地方）の奈具岡北《なぐおかきた》一号墳としている。ただ、原型とすれば、箸墓のように畿内中心部のより大きな前方後円墳が該当するであろうから、雪野山古墳の場合は原型が存在せず、むしろオリジナルであったと考えたい。

平面プランと同様に重要な点は、墳丘が築造される場所の地形である。たとえ明確な設計図が事前に存在しても、細い尾根上や斜面などの地形により若干の変更はやむを得ないだろう。先に述べたように、寺戸大塚古墳は、五塚原古墳の規格を考慮に入れて築造されている可能性は高いが、同一規格と考えられる後円部に限っても、寺戸大塚古墳は緩斜面に築かれた関係で、平面プランや一段目、二段目斜面の比率など五塚原古墳と異なるところが存在する。

雪野山古墳の平面プランの場合は、別の古墳の規格を考慮に入れた可能性を否定しないが、むしろ、北頭位を尊重しながらこの痩せ尾根にいかに築くかという困難を克服するための形態と考えたほうがいいのではないだろうか。

前方後円墳の「正面観」

墳丘築造に先立って考えることは数多いが、雪野山古墳の場合は、どこを正面にするかという問題があったようである。というのは、前方部東側斜面を発掘したとき、西側斜面では検出できた葺石を発見できなかったので、もしかしたら東側斜面と西側斜面とに対し、築造者の違った意図が働いていたのではないかと考えたのである。

この正面観という問題は、古墳時代後期の横穴式《よこあなしき》石室古墳を考えるときは困難ではない。横穴式石室には入口があって、その前が古墳の正面である。実際、入口前で祭祀がおこなわれた事例も多い。しかし、竪穴式石室は墳頂から地下へ掘り込み、埋葬が終了すると、埋め戻し、密閉してしまうので、入口はわからない。したがって正面もわからない。天皇陵に比定されている前方後円墳は、前方部前端に拝所《はいしょ》があって、そこが現在の「正面」になっているが、築造当時の人びとが必ずしもそこを正面としていたとは限らない。

そこで私が推測したのは、雪野山古墳の前方部東側斜面は古墳の一番後ろの部分で、第三者に見せることを考えていなかったから、築造工事を一部省略したのではなかろうか、ということである。葺石が現在ないからといって、築造当時になかったということにはならないが、東側斜面のトレンチは表土をはいで、すぐ地山の岩盤に到達し、葺石は見つからなかった。一方、西側斜面は一部盛土をしており、その盛土に石が葺かれていた。だ

図 30 ● 盛土の上に石が葺かれていた西側斜面のトレンチ
（W 1 トレンチ・北西から）

図 29 ● すぐ岩盤があらわれた東側斜面のトレンチ
（E 2 トレンチ・南東から）

から盛土のない東側斜面は葺石もいらない、ということなのかもしれない。ただ、同じように表土をはいですぐ岩盤に到達した前方部前端（北端）では、岩の表面が凸凹しており、葺石を葺いたような視覚的効果がある。それに対して、東側斜面は岩盤表面がスムーズであった。これは自然のままの岩盤表面の違いかもしれないが、東側斜面を意図的に加工しなかったのかもしれない。近藤義郎氏が指摘するように、西側前方部コーナーから人が墳丘に登るように設計されていたとすると、東を後ろ、裏と考えることも不可能ではない。

なお、後円部については、二段築成の少なくとも上段は、どの方向にも葺石が葺かれていた。これは、前方後円墳の中心は埋葬施設のある後円部であって、後円部の築造には前方部以上に手間をかける、労働力を投下することが普通だからである。たとえば、五世紀初頭に下る例として、福岡市の老司《ろうじ》古墳（七五メートルの前方後円墳）では、前方部頂より密に後円部頂に埴輪を並べており、また単口縁《たんこうえん》壺形埴輪より製作に手間のかかる二重口縁《にじゅうこうえん》壺形埴輪が後円部により多く樹立されたことが大西智和《ともかず》氏（鹿児島大学）の研究によりわかっている。

2　竪穴式石室の構築と儀礼

墳丘が完成すると、つぎに竪穴式石室が構築される。竪穴式石室は墓としての古墳の中心施設で、当時の人びとが全知全霊をかけて築造している。そして石室の築造行為自体が儀礼である、というのが私の考えである。それでは、その築造のどの過程でどのような儀礼がおこなわれたのだろうか。

墓壙を掘り込む

前期古墳の竪穴式石室は、後円部頂に掘り込まれた墓壙に設置される。普通は後円部頂の中心部に掘り込まれるのだが、雪野山の場合はやや中心からずれた位置で墓壙が検出された。第四次調査の際、西隣りにこの墓壙を一部壊して築造されたもう一つの墓壙を検出したので、雪野山古墳築造当初から、第二の埋葬施設の設置を前提にして、この竪穴式石室の位置を決めていたことは明らかである。この第二の墓壙の上面からは石などが発見されないため、その埋葬施設は竪穴式石室ではなく、粘土槨の可能性が高い。また、この竪穴式石室の主軸、つまり木棺の設置方向は北から東へ一一度ふっている。これは、近畿地方の前期古墳において北頭位《きたとうい》が多いのと合致する。ちなみに、東四国では東西方向が主流であって、埋葬頭位は被葬者の当時の社会的立場に迫る一つのデータといえる。

さて、前期古墳の墓壙は、奈良県天理市の中山大塚古墳のように、後円部墳丘の上半分を最初からドーナッツ状に築造し、真ん中の空間を墓壙にする例も知られている（構築墓壙と呼ぶ）。しかし、雪野山古墳の場合は掘り込み墓壙であった。

その墓壙は、二段墓壙といって、南北一〇・六メートル、東西七・〇メートルの広い穴（上段墓壙）の中央部にさらに深く南北八・六メートル、東西四・八メートルの穴（下段墓壙）を掘り込んで、その下段墓壙に石室を構築するという構造になっている。上段墓壙底の平坦面を

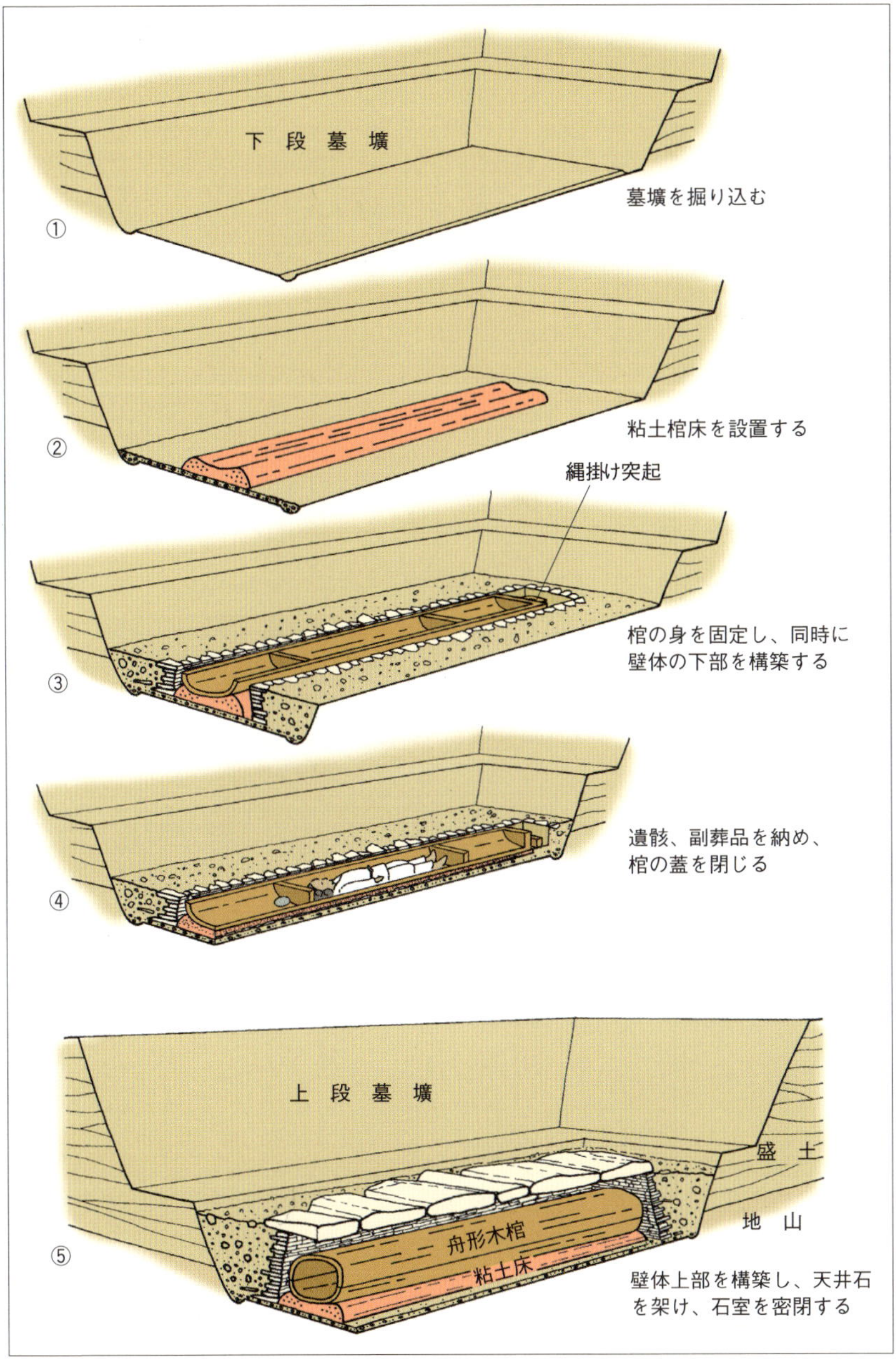
下段墓壙
①
墓壙を掘り込む
②
粘土棺床を設置する
縄掛け突起
③
棺の身を固定し、同時に
壁体の下部を構築する
④
遺骸、副葬品を納め、
棺の蓋を閉じる
上段墓壙
盛土
地山
舟形木棺
粘土床
⑤
壁体上部を構築し、天井石
を架け、石室を密閉する

図31 ● 雪野山古墳石室の構築過程

テラスと呼ぶことがある。このテラスは厳密に水平に作られていた。雪野山古墳のテラスの意味は、この部分から何も遺構や遺物が発見されなかったので、不明である。埋葬の際、被葬者に近い人びとが選ばれて、このテラス上に参列できたのかもしれない。

雪野山古墳の場合、墓壙の掘り込みはたいへんな作業であった。というのは、雪野山は基本的に湖東流紋岩《ことうりゅうもんがん》の岩山であって、墳丘の裾のほうは岩盤を一部整形して形成されているし、下段墓壙の深い部分もまず岩盤を削って穴をあける作業を必要とした。墓壙内面には工具痕を確認できなかったが、おそらく鉄製の工具で岩を削ったのであろう。鉄の工具を使ったとしても、人力で岩盤を削るには多大な労力を必要としたことは想像に難くない。

粘土棺床の構築と木棺の設置

こうして作られた墓壙底に、つぎに黄白色砂質《おうはくしょくさしつ》の土を敷き詰め、その中心部に長大な木棺を載せるための粘土棺床が作られる。

粘土棺床の周囲の黄白色砂質土に限って、砂利を混ぜていた。棺内の靫を取り上げるために、粘土棺床の一部を切り取ったので、その断面を観察することができた。この粘土棺床は三つの工程から製作されていたことがわかった。

まず墓壙底に敷かれた黄白色砂質土上に幅一一〇センチ、厚さ七～八センチの基部を作り、つぎにその両肩部分に断面が三角形の盛り上がりを加え、最後にその側面に厚さ三～五センチの粘土を貼り足してあった。第一、二段階の工程は、表面に赤色顔料を塗ったたくさんの小塊で構築するものであったらしい。断面は顔料の赤い線で、粘土を「分層」できたのである（19ページ、図13参照）。

この粘土棺床の構築自体が儀礼と考えたい。この赤色顔料の面は、粘土棺床が完成した時には、表にはあらわれない。つまり、納棺の参列者にも見えることのない面である。見えない部分にまで赤色顔料を施すということは、この行為自体に意味があったと考えるべきだろう。その具体的意味は不明だが、古墳築造という行為に儀礼的な意味があって、共同体の多くの成員たちが協力しあって参加することに意義があったのであろう。

前期の竪穴式石室を調査した例があまり多くないため、この種の粘土棺床がどの程度、前期古墳で一般的であったか不明である。奈良県天理市の黒塚古墳では、粘土棺床を断ち割ったところ、雪野山古墳例と同様、棺床構築途上で赤色顔料が塗布されたところが観察できた（図32）が、こうした赤色顔料を施すケースはあまり普遍的ではなかったのではないかと推測する。

さて、粘土棺床の両端部は、木棺の縄掛け突起を収めるための半環状のくぼみが設けられた。このくぼみに合う突起を収めたというよりは、木棺設置後、突起に合わせて粘土を棺床に付け足して作られたのだろう。

この粘土棺床上に、長大な高野槇《こうやまき》の木棺の設置することも一大

図32 ● 黒塚の粘土棺床の断面
雪野山古墳と同様に、棺床構築の際に赤色顔料が塗布されている。

事業であった。まず大きな木材を確保することが問題である。断面が弧状で幅九〇センチの棺材をとるためには、直径が一・五メートル~三・〇メートルくらいの大木が必要となるからだ。棺がどこで身と蓋に加工されたかはわからないが、縄掛け突起が機能したとすると、おそらく雪野山古墳の付近ではないだろう。そして、縄掛け突起に数多くの縄を通し山頂まで引き上げたと考えたい。たいへんな重労働であったろう。

副葬品の配置

棺床が完成すれば木棺の身を設置する。その中央に遺骸を、そのまわりの棺内、棺外に副葬品を置く。この副葬品の置き方にも儀礼的な意味があった。

まず、棺内に配置する副葬品と棺外の副葬品の区別には、雪野山古墳築造者、葬送儀礼参列者の意図があったことは明らかである。棺内に限られるものは銅鏡、碧玉《へきぎょく》製品、玉類、農工漁具、土器である。棺外に副葬されたのは合子と竪櫛以外、すべて武器、武具である。また棺内、棺外に副葬される武器も、一部例外は存在するものの、基本的に棺内のものは切先を南に、棺外のものは北に向けるというルールがある。

個々の副葬品を検討すると、不可解なケースは数多い。たとえば、雪野山古墳における玉類の少なさは注目される。一般に古墳時代の玉類は一連の首飾りをなすものであって、管玉一個、ガラス小玉二個では首飾りの機能を果たさない。何らかの特別な意味を考える必要があろう。

また、鏃も本来矢の一部であるはずなのに、鏃だけが副葬されたと考えられるケースがある。

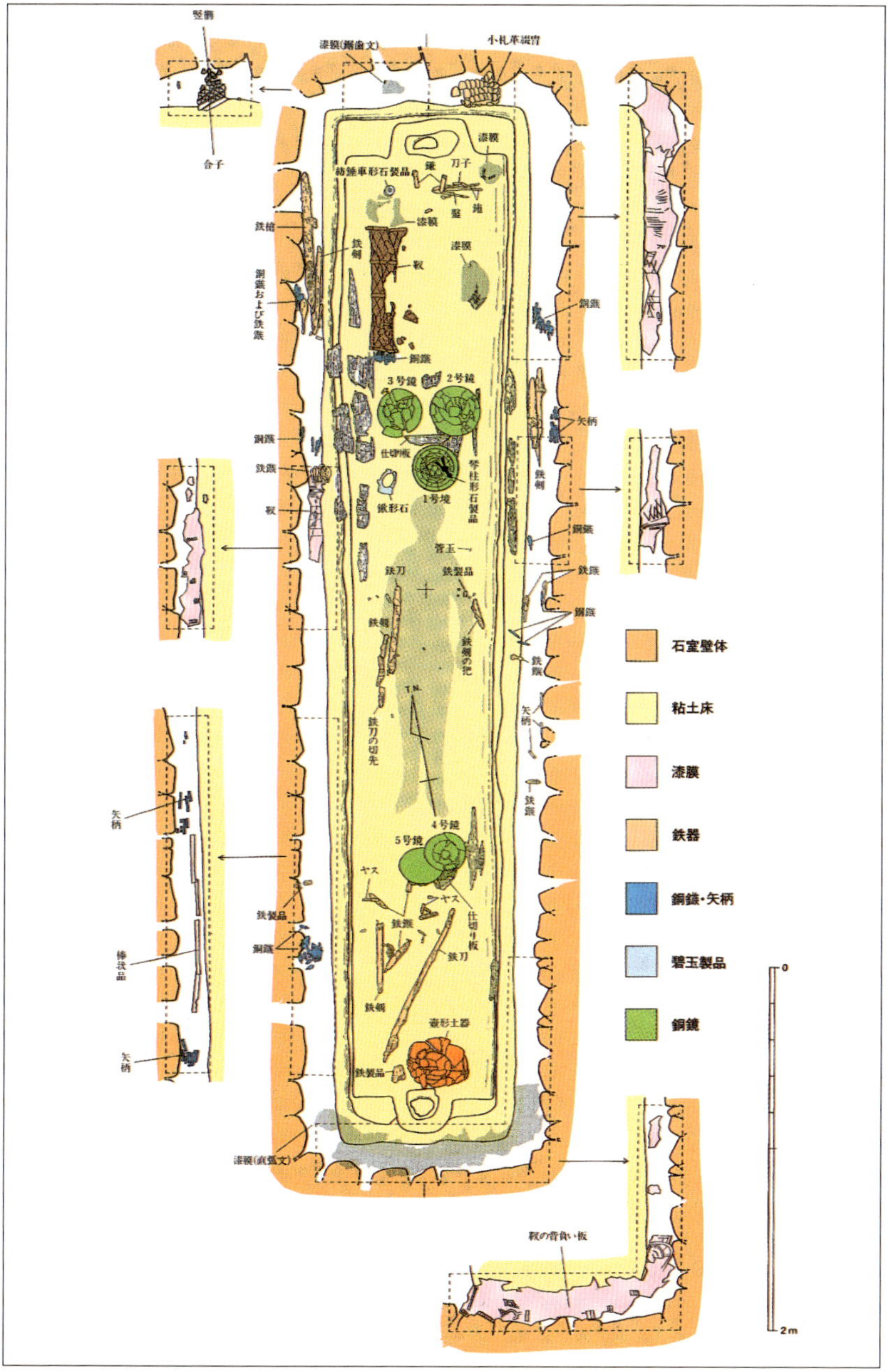
竪櫛
合子
漆膜(鋸歯文)
小札革綴冑
紡錘車形石製品
鎌
刀子
漆膜
鉇
鑿
漆膜
鉄槍
鉄剣
靫
漆膜
銅鏃および鉄鏃
銅鏃
銅鏃
3号鏡
2号鏡
矢柄
銅鏃
仕切板
鉄鏃
琴柱形石製品
鉄剣
靫
鍬形石
1号鏡
銅鏃
管玉
鉄鏃
鉄刀
鉄製品
銅鏃
鉄剣
鉄剣の把
鉄鏃
矢柄
鉄刀の切先
矢柄
鉄鏃
4号鏡
5号鏡
ヤス
ヤス
鉄製品
仕切り板
鉄鏃
銅鏃
棒状品
鉄刀
鉄剣
壺形土器
鉄製品
矢柄
漆膜(直弧文)
靫の背負い板
石室壁体
粘土床
漆膜
鉄器
銅鏃・矢柄
碧玉製品
銅鏡
0
2m

図 33 ● 副葬品の配置

雪野山古墳の竪穴式石室内は保存状態が良好であったため、他の古墳ではほとんど検出できない矢柄が数多く見つかっている。しかし、棺内南区画から検出された三点の鏃は矢柄の部分をまったくともなっていなかった。矢柄を装着した状態だと、矢の軸の部分が棺から出てしまうので、これら三本の矢は鏃部のみを折り取って副葬された可能性が高い。

棺内北区画で検出した靫の中から八本の銅鏃が発見されたが、これらも鏃部のみを折り取って副葬された可能性が高い。靫の底部付近で、切先を靫の口縁部に向けた状態で発見されたからである。これらは本来武器としての役割を意図的に断ち切った行為のあらわれであろうか。

ただ雪野山古墳では、副葬するために製作された「葬具としての武器」はなかったようである。前述の銅鏃も茎《なかご》の部分には木質が残っており、矢の軸に一度装着されたことは確かで、完成した、武器として機能するようになった矢を折っているのである。

石室壁体の構築

さて、この巨大な木棺を棺床に設置すると同時に、あるいはそれ以前に石室の壁体が構築された。

石室の内法は、床面で長さ六・一メートル、北端幅一・五メートル、南端幅一・三五メートル、高さ一・六メートルである。壁体を構成する板石は、雪野山の基盤をなす湖東流紋岩であるから、この山中で入手したものだろう。壁体は板石と板石の間の奥深くまで赤く塗られていた。積み上げる前に、板石の全面に赤色顔料が塗布されたのだろう。寺戸大塚古墳でも、前方部の竪穴式石室のほとんどの板石が全面赤く塗られており、板石一枚一枚を赤色顔料の液体に浸けて、彩色した可能性が高い。雪野山古墳の場合も同様であったと推測する。

つぎに遺骸を安置し、副葬品を適切な場所に配置し、棺に蓋をかぶせる。この段階では、竪穴式石室の壁体は棺蓋の高さまでしか構築されていなかったのかもしれない。石室の東西壁面を図化しながらくわしく観察するとわかるのだが、床面から約七〇～八〇センチの高さで板石の積み方が若干変わっている。おそらく板石は一気に最上段まで積み上げたのではなく、一度、作業を中断したのだろう。

このことは壁体と墓壙のすき間を発掘して、追認することができた。石室の壁体は構造上、板石だけでは弱いため、壁体と墓壙のすき間に土や石を充填して補強する。これを「裏込《うらご》め」という。裏込め部分を発掘して判明したことは、板石の積み方が変わる、その高さに近い位置（床面から約七〇センチ）で、硬くしまった砂質土層が検出された。それより上層、下層で裏込めの土の堆積状況が大きく変わるのである。これは板石を積み上げる作業の中断に対応するものと考える。この高さは木棺の推定復原高に近い。

この中断の時期が遺骸安置と時間的に重なるかどうかは別として、西

図34●全貌をあらわした雪野山古墳の石室

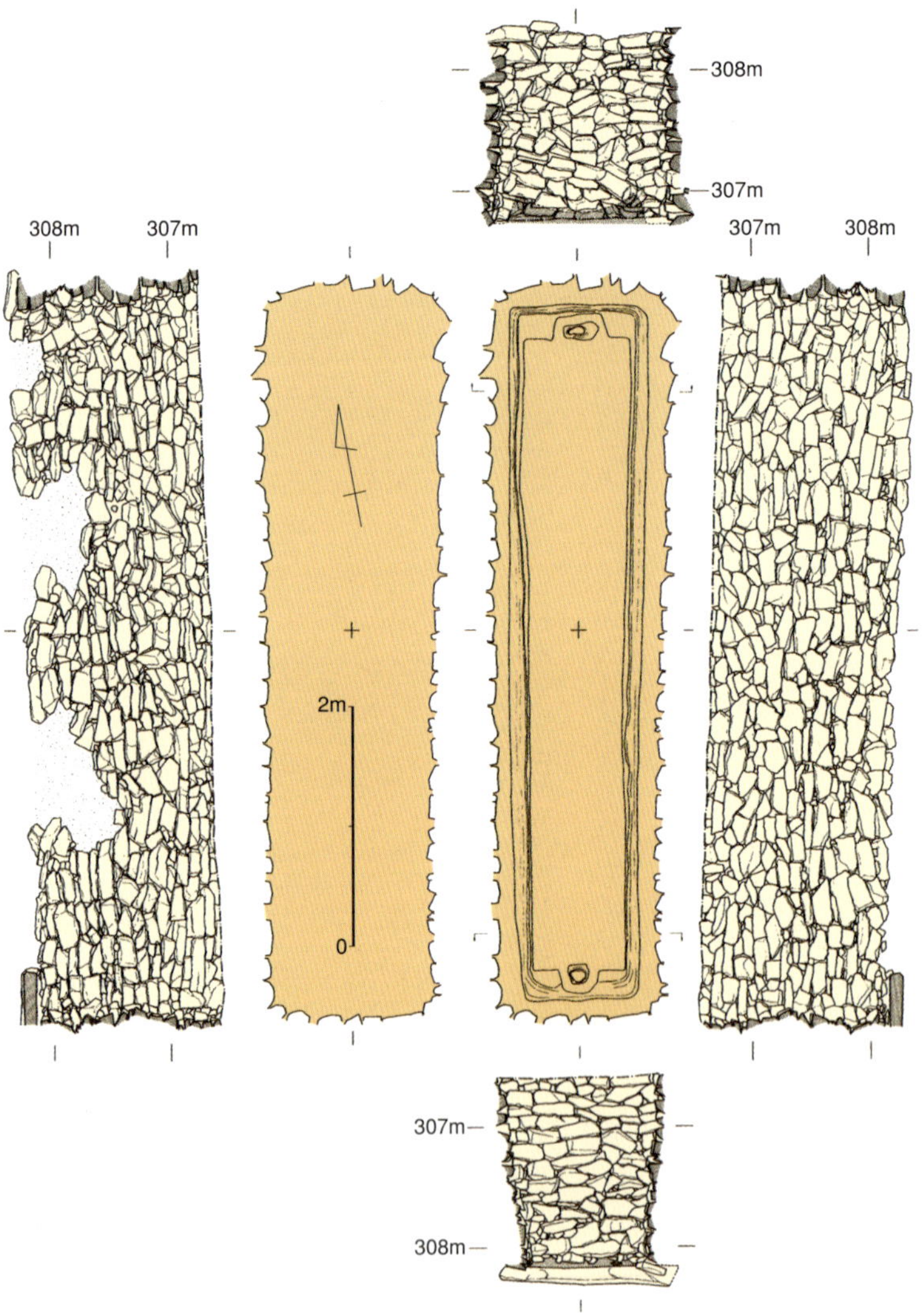

図 35 ● 石室壁体の実測図

側の裏込めの発掘で炭化物を検出しており、作業中断の折に火を焚いた可能性がある。都出氏は、その際火を用いた儀礼をおこなったと推測する。雪野山古墳では、炭化物を検出した面の高さから考えて、この儀礼は、棺蓋をかぶせるときに執りおこなわれたのではないだろうか。そして蓋がかぶせられた後、板石を石室の最上段まで積み上げたと推測する。

東側の裏込めの発掘では、硬くしまった砂質土層上に長軸五〇センチくらいの大きな板石が数枚（断ち割った面積が非常に狭いので、確認できたのは三枚のみ）が水平に、意図的に置かれているのが発見された（図36）。やはり壁体構築途上で、何かおこなった可能性は高い。

都出氏によると、寺戸大塚古墳の後円部の竪穴式石室では、朱をまいた面を確認したとのことである。私も、同古墳の前方部の竪穴式石室の発掘で、石室構築途上の高さで、裏込めに多くの板石が敷かれている明確な面を検出した。そこには少量だが朱をまいた跡も検出できたので、この面で儀礼がおこなわれたと直感した。石室構築自体も一種のマツリ、儀礼であったと確信したのはこのときである。

このように、石室の壁体構築がいくつかの段階を経ることは他の前期古墳でも同様であって、たとえば、桜井茶臼山古墳では、木棺の想

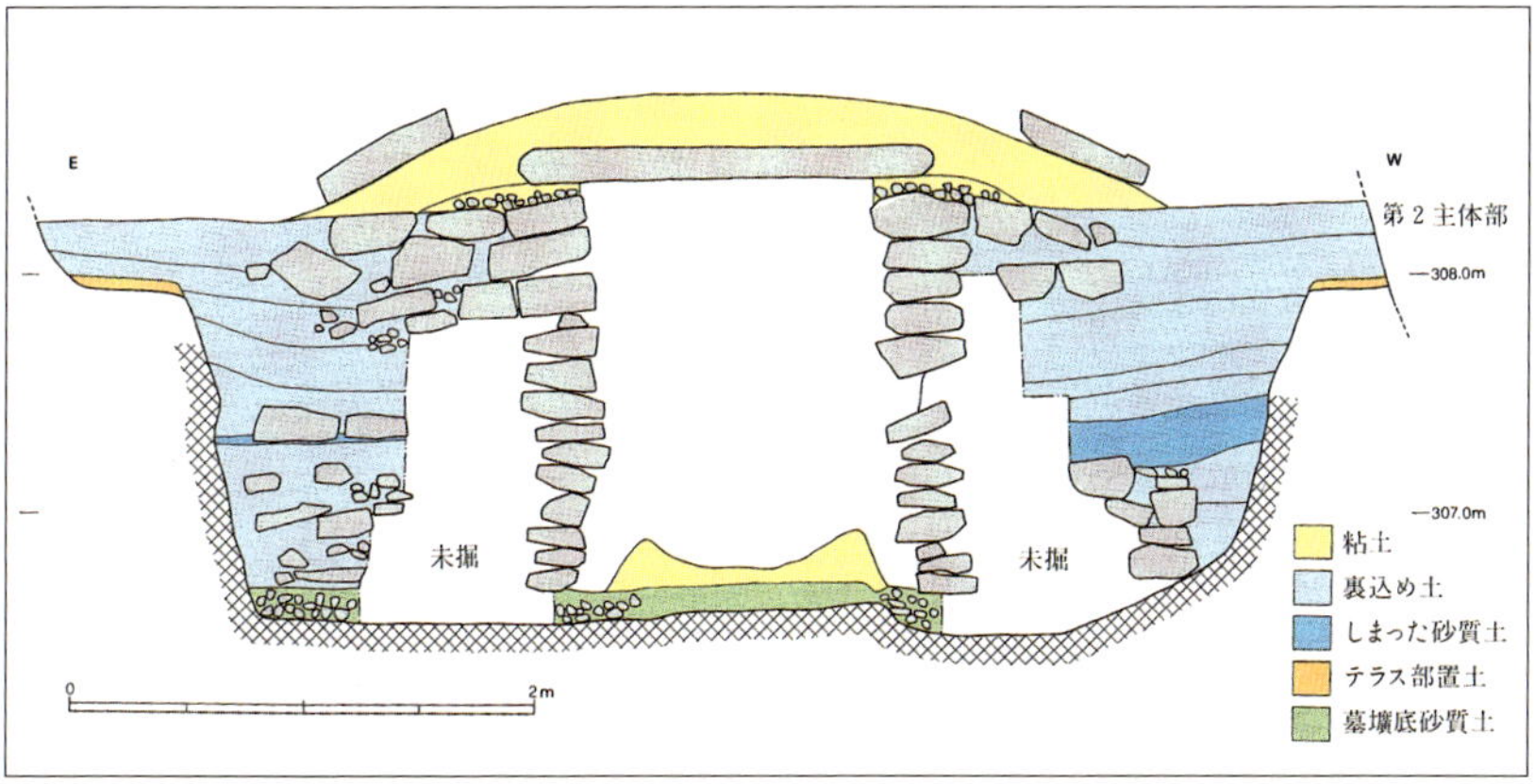

図36 ● 石室横断面の概念図

定された高さのところで、竪穴式石室の構築材が安山岩《あんざんがん》質の割石から大型の花崗岩に変えられている。木棺の設置、密閉と石室構築を関連させながら作業がおこなわれたのであろう。また、黒塚古墳は雪野山古墳と同様の二段墓壙であるが、下の部分は約〇・五メートルの高さまでは河原石を、それより上は板石《いたいし》を小口《こぐち》積みにしている。この面を境に壁体背後の構造にも差が見られるという。

3　築造完成後の雪野山古墳

墓上での祭祀

竪穴式石室が完全に密閉された後、竪穴式石室の西隣りに第二の埋葬施設が構築される。このスペースは古墳築造前から計画されていたことは明らかであり、この第二の埋葬施設が密閉されてはじめて雪野山古墳は完成といったほうが適切なのかもしれない。

完成後、墳頂では儀礼が執りおこなわれた。墳丘上から銅鏡など竪穴式石室内副葬品の時期とあまり変わらない時期と考えられる土師器《はじき》片が多数、原位置から完全に離れて出土しているからである（図37）。これらの土器は埴輪の役割を果たしたとは考えられない。たとえば一段目のテラスなど、埴輪が樹立されてもおかしくないところを発掘したが、そのような痕跡はなかった。これらの土器は墳頂部に置かれ、おそらく祭祀に使われた後、それらが斜面に転がって落ちてきたと考えるのが妥当であろう。

後代の墓として再利用

雪野山古墳がいつまで古墳として人びとに認識されていたのかは不明である。その後、ヤドカリのように古墳の墳丘を一部利用して、横穴式石室古墳が築かれている。

石室側壁の一部は露出しており、後円部の第一トレンチでは、その横穴式石室古墳のための墳丘盛土を断面で確認した。また後円部の第一、第二トレンチからは六世紀後半と比定できる須恵器《すえき》の坏身と台付き壺の脚台低部が発掘された。横穴式石室は発掘していないのでくわしいことはわからない。

古墳出現前後の墳丘墓か古墳かで議論の的になっている奈良県桜井市のホケノ山（三世紀前半くらいか）にも、六世紀末頃に、巨大な横穴式石室が築かれている。この横穴式石室は完全に発掘されて、羨道《ぜんどう》（棺がおかれる玄室に至るまでの通路）がたいへん長く、また羨道左壁が右壁より一・五メートルも長いことがわかっている。これは、ホケノ山の後円部中心、つまり三世紀の埋葬施設から大きく西へずれた位置に横穴式石室を築造したため、開口部が墳丘斜面に斜交してしまったためであると、担当者の岡林孝作氏（奈良県立橿原考古学研究所）は考えている。横穴式石室の築造者は、ホケノ山を前代の墓と意識したうえで、その埋葬施設を避けながら、墳丘を再利用していた可能性が高いのである。

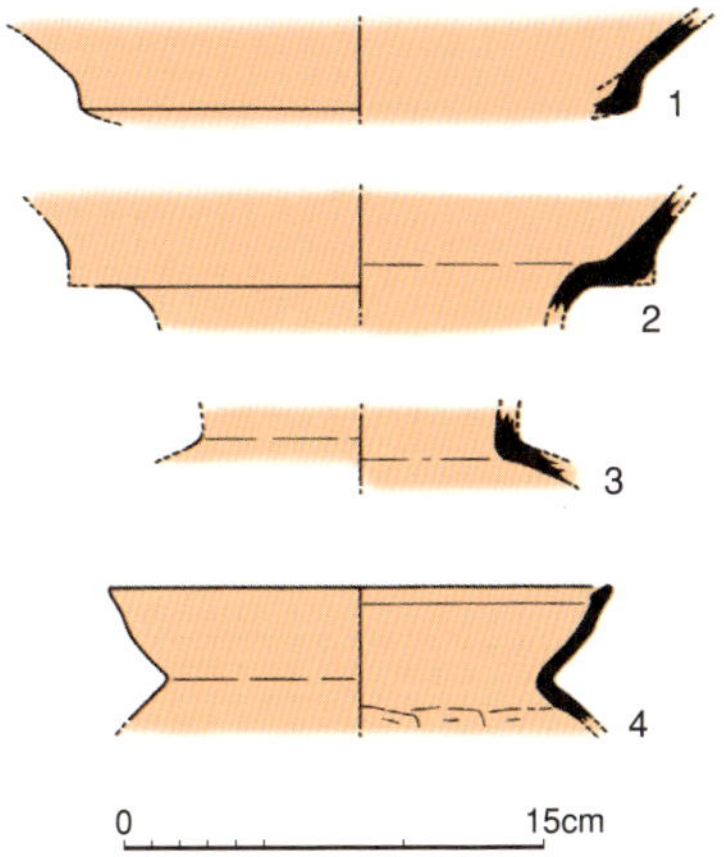

図37 ● 墳丘上から出土した土師器片

同様に、雪野山古墳においても、六世紀に横穴式石室が築造された時点では、お墓という認識を人びとはもっていたに違いない。

中世山城として使われる

中世には、雪野山古墳は山城として使われた可能性が高いことが中井均氏（滋賀県米原《まいはら》町教育委員会）の研究からわかる。たとえば、前方部中央の東西斜面が両側から深く抉られて、谷地形となっていることが測量図から明白である。また主軸トレンチ北半拡張部で、トレンチを斜めに走る石列が検出され、さらに石列の部分で落ち込みが認められた。この谷地形と石列・落ち込みは一連の遺構との解釈が可能で、中井氏は石列を竪堀の中央に構築された土橋ととらえる。

そのほか、前方部葺石を検出したくびれ部第四トレンチの、墳頂により近い箇所では、墳丘が削平された上面で人頭大の石列を検出した。付近からは中世の皿も出土した。また、裾部か

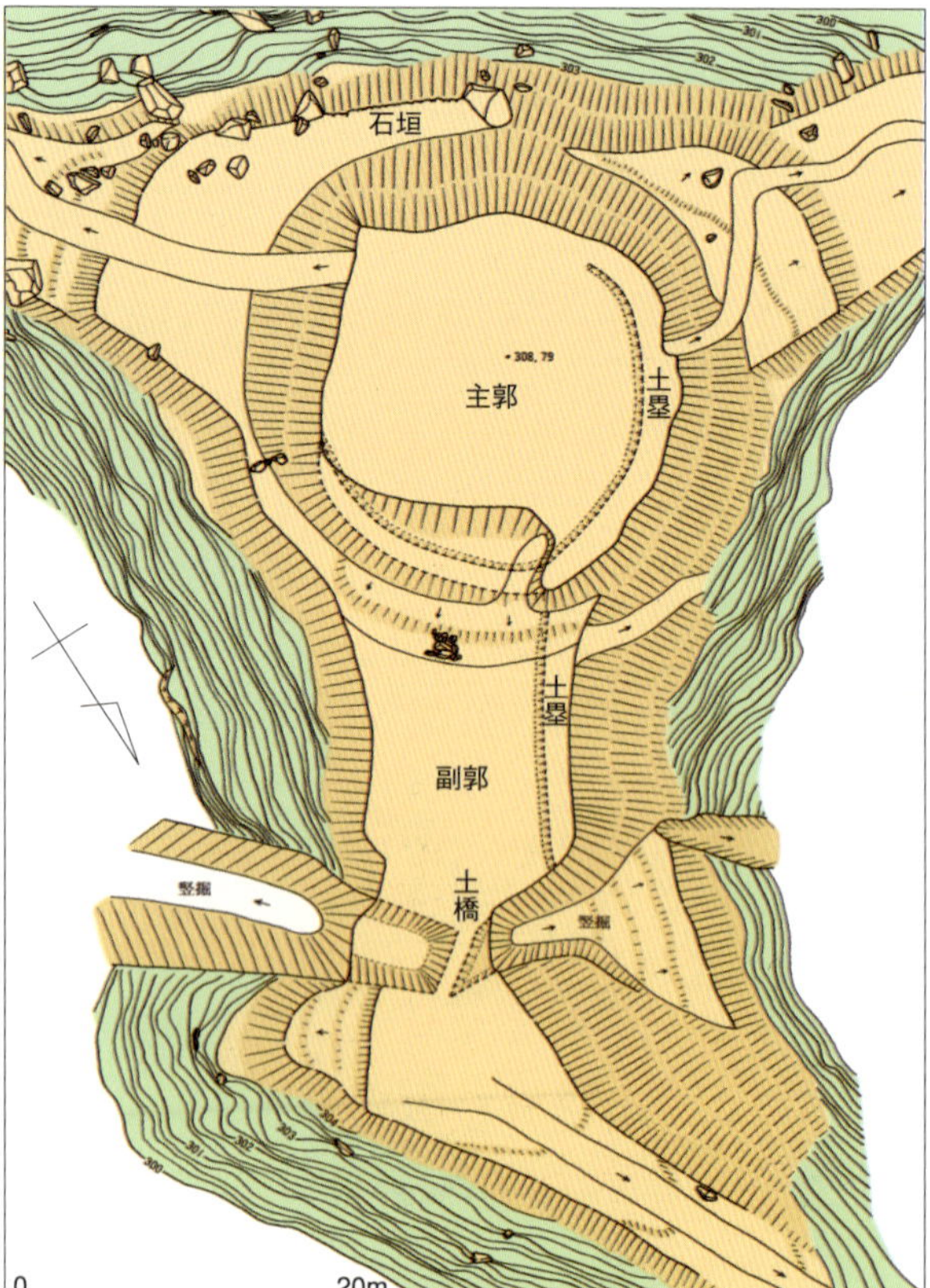

図 38 ● 中世城郭の復元図

ら古墳の葺石が検出されたくびれ部第九トレンチの土層断面には土塁の存在が看取できた。これらを総合的に考えると、古墳が中世城郭として再利用された可能性がきわめて高い。

平野部の古墳が中世城郭として再利用されたケースは、大阪府羽曳野《はびきの》市の伝安閑《あんかん》天皇陵古墳に築造された高屋《たかや》城《じょう》跡や同高槻市の今城塚《いましろづか》古墳など有名な例があるが、数は非常に少ない。村田修三氏（奈良女子大学）はこの点について、古墳は墓として認識されており、墓の上に城を築くことに強い畏怖の念があり、在地領主たちは城を築かなかったのではないか、と推測している。

とすれば、雪野山に山城を築造した領主は、山頂に存在する古墳を認識していなかった可能性が高い。むしろ、前方後円形という地形が、山城として利用しやすかった可能性を中井氏は指摘している。

失われた天井石

最後に疑問として残るのは、雪野山古墳後円部竪穴式石室を発見したとき、その天井石はひとつを除いて、すべて失われていたことである。天井石が失われたのは自然によるものかもしれないが、その後、直ちに石室内が埋まってしまったのであろう、副葬品は完全に残っていた。そして、ここがお墓であるという認識が、早くに失われてしまったことが、逆に、盗掘者の関心を引くことがなかったのであろう。

第4章　三角縁神獣鏡の語るもの

1　三角縁神獣鏡の編年

古墳時代の首長や有力者にとって鏡はたいへん重要であったらしく、古墳には必ずといってよいほど鏡が副葬された。そのなかでも前期古墳に副葬された三角縁神獣鏡は、古墳の歴史的位置付け、背景に迫る最善の資料である。

一言で三角縁神獣鏡というけれども、これまで日本で発掘、発見された三角縁神獣鏡は約四〇〇面あり、そのなかにはさまざまな種類のものが知られている。その違いや共通性には重要な意味があり、その意味をさぐることが、同時に三角縁神獣鏡が三面出土した雪野山古墳の歴史的背景に迫ることにつながる。

第一に、雪野山古墳の年代的位置付けをおこなうためには、三角縁神獣鏡が製作された年代差を明らかにしなければならない。その年代的位置付けが、古墳時代史、ひいては東アジア史

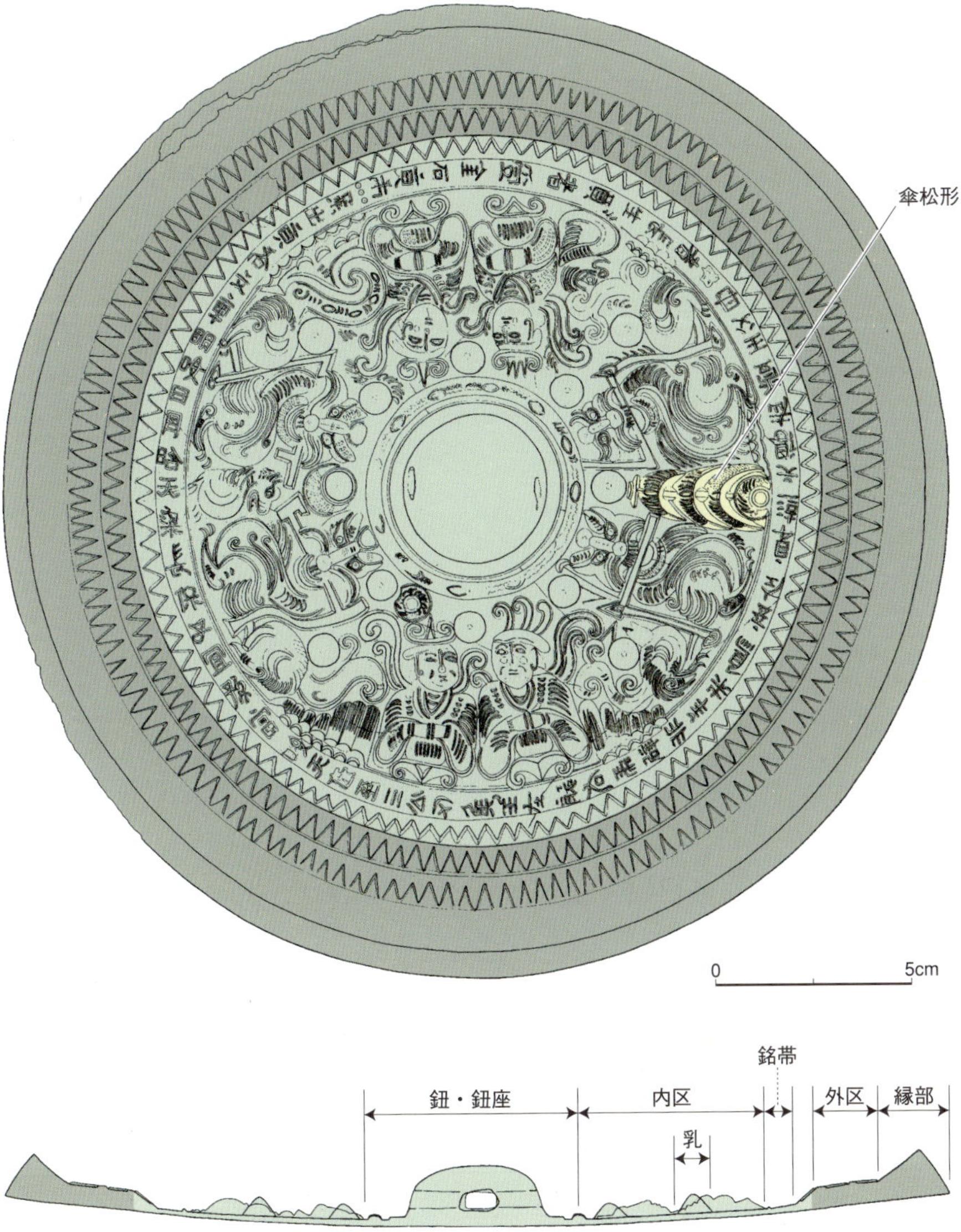

図 39 ● 亲出銘三角縁四神四獣鏡の実測図と各部の名称
黄色部分が傘松形文様。

図 40 ● 三角縁唐草文帯四神四獣鏡の実測図
黄色部分が傘松形文様。

図41 ● 三角縁波文帯盤龍鏡の実測図
外区と内区の境が無文になっていることに注意。

全体の中で、雪野山古墳被葬者のおかれていた立場を理解する前提となる。

そして本章の後半で、三角縁神獣鏡の同笵鏡《どうはんきょう》、つまり同じ鋳型から製作された「兄弟鏡」の検討から、当時の社会における雪野山古墳被葬者の性格に迫りたい。

鏡の型式学

編年は考古学の根幹をなす作業である。ふだんから数多くの類似資料を観察していると、その違いに気付き、その違いは年代の違いであることが理解できるようになる。これが編年研究の出発点である。そして、個々の特徴の差違にもとづき、相対的に古いもの、新しいものに分類する作業を「型式学」という。

三角縁神獣鏡には、背面（人の姿を映さない面）にさまざまな文様があり、また鏡の厚さ、重さもふくめて、さまざまな要素から成り立っている。この個々の要素を「属性」という。これらのうち二つ以上（三つ、四つと数が多いほど信頼性は高まる）の属性に相関関係が見つ

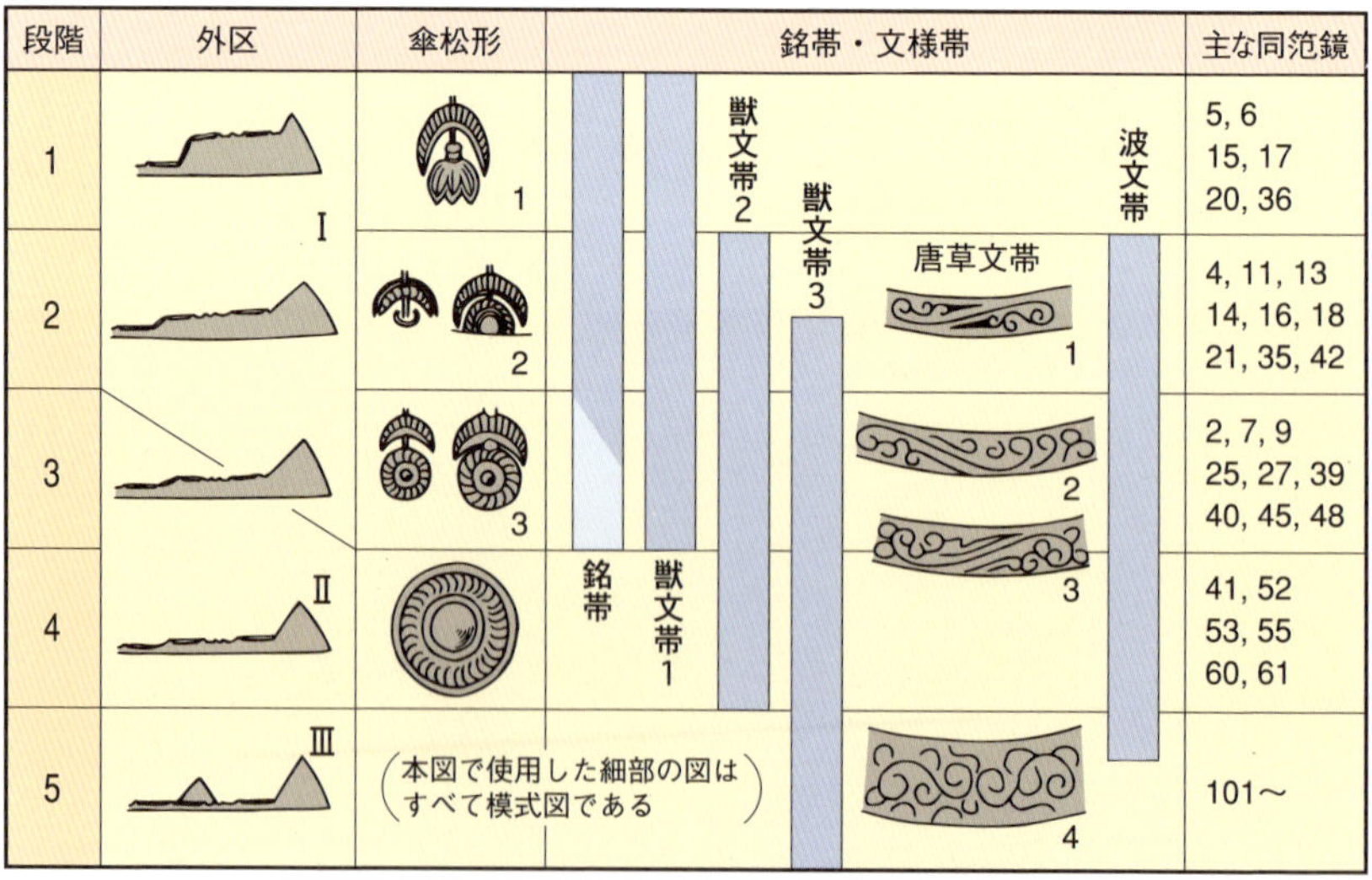

図42 ● 新納泉氏による三角縁神獣鏡型式変遷略図
右欄の「同笵鏡」番号は小林行雄氏が『古墳文化論考』（1976）で付した番号。現在若干の変更があるが、学史的見地から採用した。

かれば、その相関関係にはおそらく鏡の製作当時も意味があったのではないかと推測できる。

新納《にいろ》泉《いずみ》氏（岡山大学）は、三角縁神獣鏡の外区《がいく》の厚さの変化、外区・内区《ないく》の境の斜面の鋸《きょ》歯文《しもん》の有無、乳《にゅう》の大きさの変化、傘松形文様《かさまつがたもんよう》の変化などの相関関係から、三角縁神獣鏡を舶載《はくさい》鏡では四段階、仿製《ぼうせい》鏡を含めて五段階に編年した。

具体的には、外区は時間とともに扁平化し、鋸歯文は省略され、乳は大型化し、傘松形文様はより単純になるという変化をたどるという。手にとってみて、より古い三角縁神獣鏡は重くて、断面が分厚いのに対して、軽めで、断面が非常に薄い鏡がより新しいと一般的にいえる。

新納氏によるこの編年研究は、新古の根拠を客観的に明らかにしており、たいへんわかりやすく、検証しやすい点で評価できる。この編年により、仿製三角縁神獣鏡が舶載三角縁神獣鏡より新しいという、それまで他の副葬品との共伴《きょうはん》関係にもとづいて立てられていた仮説が、鏡それ自体の型式学的変化から、論理的に説明できるようになった。

さらに、岸本直文《なおふみ》氏（大阪市立大学）は、外区・内区の境の斜面の鋸歯文の有無により、新納氏の第三段階を二段階に分け、舶載鏡五段階編年案を提示した。そのほか、澤田秀実氏の、傘松形と乳座という二つの属性の変遷にもとづく舶載鏡五段階編年と、福永伸哉《しんや》氏（大阪大学）の四段階編年がある。

これら四氏の編年案にもとづいて、対象とする三角縁神獣鏡を並べてみると、

<table>
<tr><td>新納1</td><td>澤田Ⅰ</td><td rowspan="2">福永A</td><td>岸本Ⅰ</td></tr>
<tr><td>新納2</td><td>澤田Ⅱ</td><td>岸本Ⅱ</td></tr>
<tr><td rowspan="2">新納3</td><td>澤田Ⅲ</td><td>福永B</td><td>岸本Ⅲ</td></tr>
<tr><td>澤田Ⅳ</td><td>福永C</td><td>岸本Ⅳ</td></tr>
<tr><td>新納4</td><td>澤田Ⅴ</td><td>福永D</td><td>岸本Ⅴ</td></tr>
<tr><td>新納5</td><td>仿 製</td><td>仿 製</td><td>仿 製</td></tr>
</table>

図43 ● 研究者による三角縁神獣鏡型式編年案の比較

基本的に一致する。つまり、これらの編年案は相互に検証されており、妥当性がきわめて高いといえる。

複数型式の鏡の共存

個々の鏡の前後関係はこれでわかるのだが、問題は、前期古墳では、出土する複数の三角縁神獣鏡が、編年上単一の段階に位置付けられる鏡だけで構成されるのではないという現実である。複数の段階の鏡が混在するケースばかりなのである。

雪野山古墳の三面の三角縁神獣鏡は、三号鏡（三角縁波文帯盤龍鏡）が第Ⅳ段階、四号鏡（三角縁唐草文帯四神四獣鏡）と五号鏡（⿰亲出銘三角縁四神四獣鏡）は第Ⅱ段階となる。福永氏案によれば、三面ともB段階に属する。つまり、雪野山古墳出土の三角縁神獣鏡群は、最古型式と最新型式を含まない、三角縁神獣鏡が製作されていた時期のちょうど中間段階に位置づけられる。

2 雪野山古墳の年代的位置付け

雪野山古墳の年代観

雪野山古墳は古墳時代前期に築造された。しかし、前期といっても、その前半と後半で古墳は大きく変化する。まず、最大の前方後円墳の立地が奈良盆地の南東部から北西部へと移動する。また、副葬品の組成は、前半が船載三角縁神獣鏡を中心とするのに対して、後半には滑石《かっせき》製品や鉄製武具が目立つようになる。

雪野山古墳はこの前期前半から後半への変革の時期に築造されたらしく、それだけに、今後の古墳時代前期史研究に大きな意味をもつ古墳と評価できる。ただし、この古墳の編年的位置付けについては、検出された数多くの副葬品を総合的に判断する必要がある。どの遺物を重視するかによって、研究者同士でも意見の相違が目立つ場合が多い。

雪野山古墳の編年的位置づけについては、近藤義郎編『前方後円墳集成』近畿編において、古墳時代全期間を一〇期、前期を四期区分した『集成』の統一的編年の枠組みの中で、用田《ようだ》政晴《まさはる》氏（滋賀県立琵琶湖博物館）が、同じ滋賀県の安土瓢箪山《あづちひょうたんやま》古墳と一緒に第三期に位置付けている。ちなみに、近年の年輪年代の成果を取り入れた暦年代観にもとづけば、第一期が三世紀後半、第二期が三世紀末から四世紀前葉、第三期が四世紀中葉、第四期が四世紀後葉ぐらいに比定しうる。なお、安土瓢箪山古墳も未盗掘の古墳で、主たる埋葬施設から、つぎのような副葬品が検出された。

棺内　中国鏡一面、仿製二神二獣鏡一面、管玉二三、鍬形石一、
　車輪石一、石釧一、鉄剣二、短冊形鉄板一
棺外　鉄剣一二、鉄刀三、鉄鏃二三、銅鏃三〇、筒形銅器二、

図44 ● 安土瓢箪山古墳

方形板革綴短甲《ほうけいばんかわとじたんこう》一、鎌三、刀小、鉇四、斧七、異形鉄器二

私は雪野山古墳と安土瓢箪山古墳をほぼ同時期に位置付けるのには賛成できない。雪野山古墳は第二期に相当し、安土瓢箪山古墳は第三期にあてるのが適切であろう。この時期差は、暦年代観とともに、雪野山古墳の歴史的背景を議論するうえできわめて重要である。

そこで、副葬品にもとづいて、雪野山古墳と安土瓢箪山古墳の編年的位置付けについてくわしく検討していこう。

出土鏡の組み合わせ

先に述べたように、雪野山古墳出土の三角縁神獣鏡は、最古段階に属するものではないが、同時に船載の最新段階のものもなかった。雪野山の組み合わせを他の古墳の組み合わせと比べ

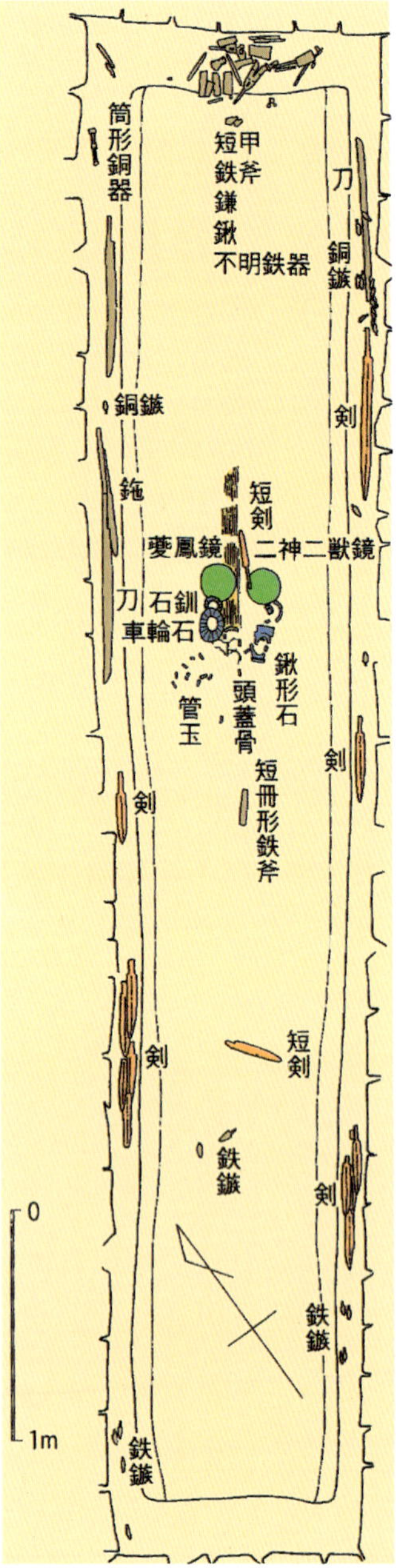

図 45 ● 安土瓢箪山古墳の副葬品

てみよう。

天理市の黒塚古墳は、岸本第Ⅰ段階が六面、第Ⅱ段階が一二面、第Ⅲ段階が一四面である。神戸市の西求女塚古墳は、出土七面のうち六面の全体像がわかり、内訳は岸本第Ⅰ段階が一面、第Ⅱ段階が四面、第Ⅲ段階が一面である。それから、現在知られるものが副葬されたものがすべてかどうか不明であるが、滋賀県野洲郡の古冨波山《ことばやま》古墳出土の三面は、岸本第Ⅰ、第Ⅱ、第Ⅲ段階の鏡が各々一面という組み合わせである。この種の組み合わせをもった古墳は、雪野山古墳より古い可能性が高い。

第Ⅰ段階から第Ⅳ段階の鏡が同時に出土した古墳には、京都府山城町の椿井大塚山《つばいおおつかやま》古墳、奈良市の富雄丸山《とみおまるやま》古墳や岡山市の備前車塚古墳、福岡県苅田《かんだ》町の豊前石塚山《ぶぜんいしづかやま》古墳がある。

雪野山古墳と同様の第Ⅱ段階から第Ⅳ段階の組み合わせをもつ古墳には、神戸市の東求女塚《ひがしもとめづか》古墳、兵庫県新宮町の吉島《よしま》古墳、御津町の権現山五一号墳、大分県宇佐《うさ》市の赤塚《あかつか》古墳がある。

逆に、岸本第Ⅳ段階と第Ⅴ段階の鏡の組み合わせをもつ愛知県の東之宮《とうのみや》古墳や第Ⅴ段階の鏡のみ知られる神戸市の阿保親王塚《あぼしんのうづか》は、雪野山古墳より若干新しい可能性が高い。

以上のことから船載三角縁神獣鏡が出土した古墳のなかでは、雪野山古墳は編年的に中間段階に位置付けられるといってよいだろう。

出土した日本列島で製作された鏡の特色

雪野山古墳では、中国の鏡を真似て日本列島で製作された「仿製鏡」が二面出土した。

図 46 ● **内行花文鏡**

被葬者の頭部付近に置かれた 3 面のうちの 1 面
鈕座の葉文や雲雷文帯をもち、弧の一単位おきに、
小乳の三方にのびる葉文風の図形を入れるなど、
多くの点で中国製に共通する。

図 47 ● 鼉龍鏡
被葬者の頭部付近に置かれた 3 面のうちの 1 面
内区の外側をめぐる銘帯に 8 つの四角があり、本来は漢字の銘文が入るべきだが、代わりに短い直線が何本も鋳出されている。製作者が文字を知らなかったことを示している。

ひとつは「内行花文鏡」と呼ばれるものである。本来、花弁の数が八つのところが一〇弧である点で中国後漢の内行花文鏡と区別されるが、鈕座《ちゅうざ》の葉文《はもん》や雲雷文《うんらいもん》帯をもち、弧の一単位おきに、小乳の三方にのびる葉文風の図形を入れるなど、多くの点で中国製に共通する。したがって、この種の鏡としては、より古い段階に属するという。中国で製作されたと見間違うほど出来がよく、当時の日本列島における青銅工人の技術力の高さを示している。また、桜井茶臼山古墳出土の仿製内行花文鏡と類似する（岸本氏は同巧（工？）と評価している）。

ものひとつの「鼉龍鏡」は、本来、銘文を構成する漢字が入るべきところに短い直線が何本も鋳出されているだけで、製作者が文字を知らなかったことを示している。雪野山古墳の出土例について、車崎《くるまざき》正彦氏（早稲田大学）と森下章司氏（大手前大学）が最古段階のものとしている。安土瓢箪山古墳の仿製二神二獣鏡には、新しい要素がみられるという。

一般に、舶載三角縁神獣鏡が倭でやや不足してきたのか具体的な理由はわからないが、とにかく三角縁神獣鏡の輸入にやや遅れて、日本での仿製鏡生産が開始される。雪野山古墳は、そういった仿製鏡の最古のものが副葬されているということは、最古段階を含まない、出土三角縁神獣鏡三面の組み合わせの編年的位置づけともうまく整合する。

鏡以外の副葬品の編年観

今度は他の副葬品に目を向けてみよう。雪野山古墳では、鍬形石が一点出土している。鍬形石は弥生時代のゴホウラ製貝輪を祖形にした一群と、大阪府茨木市の紫金山《しきんざん》古墳出土の貝輪を祖形にした一群とがあって、雪野山古墳例が前者の最古型式（貝輪にもっとも近い形態をもつ）の鍬形石であることを、北條芳隆《よしたか》氏（東海大学）が明らかにしている。これは福岡県行橋《ゆくはし》市の竹並《たけなみ》古墳出土の貝輪と平面形態はもちろん「その寸法や側面観、厚さの特徴までもが一致する」という。

それに対して、安土瓢箪山出土の鍬形石は、雪野山古墳出土例を祖形とするもので、祖形を第一段階としたとき、型式学的に第三段階に位置付けられるという。ここに、両者の鍬形石の製作時期の違いを認めることができよう。

鉄製武具については、雪野山古墳と安土瓢箪山古墳で、冑と短甲という違った武具が出土しており、鍬形石のような単純な比較が難しい。ただ、別の古墳での共伴関係にもとづき両者の時期差を推測できそうである。

雪野山古墳出土の小札革綴冑（人の爪の形をした、小札と呼ばれる小鉄板を革で綴じ、冑にしたもの）は、豊前石塚山古墳、椿井大塚山古墳など、三角縁神獣鏡の古い組み合わせ（岸本Ⅳ段階以前）で特徴付けられる古墳が主である。それに対して、安土瓢箪山古墳出土の方形板革綴短甲は、より新しい段階の舶載三角縁神獣鏡や仿製三角縁神獣鏡と共伴するケースが一般的である。

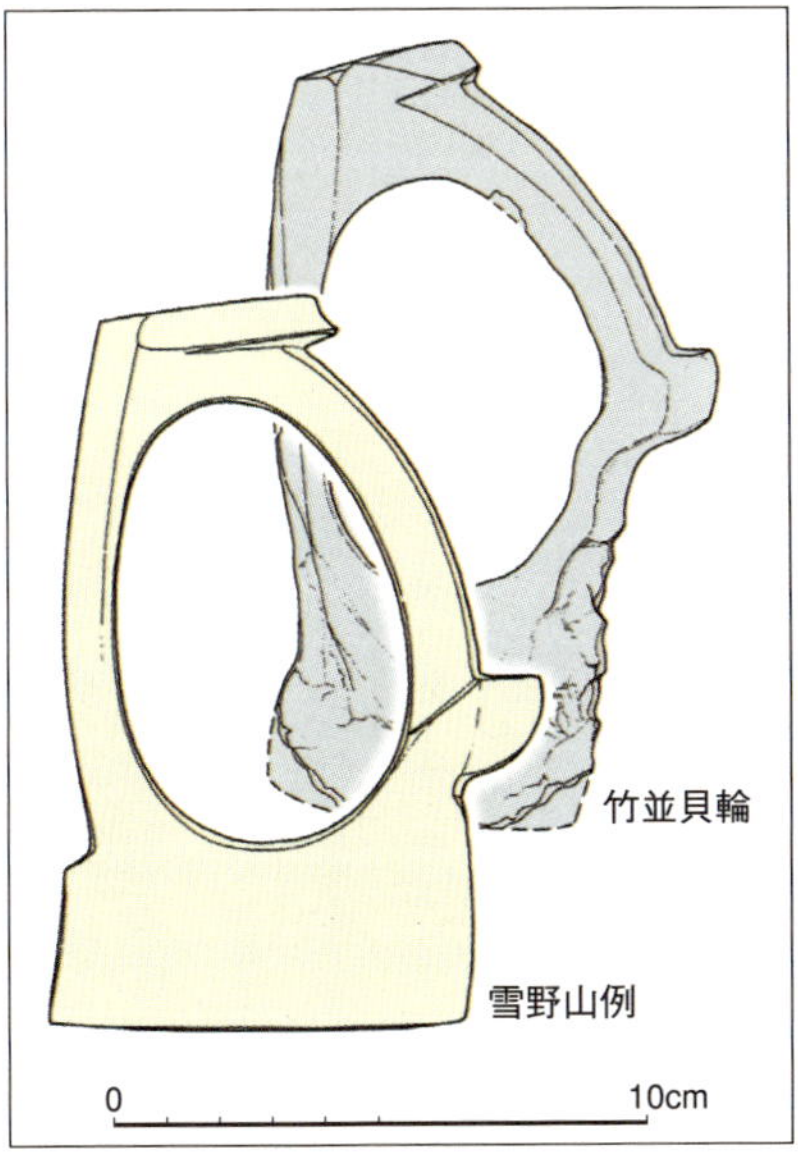

図 48 ● 雪野山古墳出土鍬形石と竹並遺跡出土の貝輪

また安土瓢箪山古墳から出土した筒形銅器も、三角縁神獣鏡と共伴するケースに限って検討すると、仿製鏡との組み合わせが主である。このことからも安土瓢箪山古墳が、雪野山古墳よりも時期的に下がる可能性が高いといえよう。

3　東アジア史の背景

中国大陸、朝鮮半島とのつながり

雪野山古墳と安土瓢箪山古墳との築造時期の違いを以上のように想定すると、両古墳の副葬品の違いは大きな意味をもってくる。単純化が過ぎるという批判を恐れずにあえていえば、雪野山古墳は中国大陸との交流を示唆する副葬品が目立つが、安土瓢箪山は朝鮮半島との交流を示すものが目立つ。

鏡についていえば、雪野山古墳からは仿製内行花文鏡、鼉龍鏡各一面と三面の三角縁神獣鏡が出土していたわけだが、これらはすべて中国と深い関係を有している。

三角縁神獣鏡が中国製か倭製かで議論が続いているが、仮に三角縁神獣鏡が一部の研究者の主張するように倭製であったとしても、中国の鏡をモデルにしていることは疑いようもない。また、仿製内行花文鏡も、花弁の数が違うとはいえ、中国漢代の内行花文鏡がモデルであることは間違いない。鼉龍鏡も、中国漢代の画文帯環状乳神獣鏡《がもんたいかんじょうにゅうしんじゅうきょう》と同向式神獣鏡《どうこうしきしんじゅうきょう》が原型という。

小札革綴冑についていは、橋本達也氏（鹿児島大学）は、この種の冑が古墳時代前期に突然出現、消滅することから、中国系譜の「船載品」と推定する。

それに対して安土瓢箪山古墳の副葬品には、朝鮮半島東南部に系譜を求めうる、あるいは共通するものが含まれる。

まず、筒形銅器は近年、半島東南部の大成洞《テソンドン》古墳群、良洞里《ヤンドンニ》古墳群、福泉洞《ブクチョンドン》古墳群などから約六〇例確認されている。この数は日本での出土総数に匹敵するものであり、この種の青銅器が半島起源なのか、列島起源なのか、わからなくなってきた。起源と製作地の問題は別にしても、筒形銅器が朝鮮半島東南部と強い結びつきを示す資料であることは変わらない。

また方形板革綴短甲も、橋本氏は「半島南部の影響の下に日本列島で製作された」と考え、「半島南部系鉄製品製作工人の渡来と日本列島の工人をとり込む形での新たな工人組織の形成があった」とする。鉄製短甲の国内最古型式は紫金山古墳から出土した竪矧板革綴式《たてはぎいたかわとじしき》と呼ばれるもので、幅五センチほどの縦長の鉄板を一枚一枚横に綴じあわせたものである。

方形板革綴短甲は、この竪矧板革綴短甲の縦に長い鉄板を三段に分割することによって考案されたと高橋克壽《かつひさ》氏（奈良文化財研究所）は推測している。この竪矧板の採用については、藤田和尊《かずたか》氏（奈良県御所市教育委員会）が、

図49 ● 雪野山古墳出土の小札革綴冑復元

朝鮮半島南部の伽耶《かや》系《けい》竪矧板《たてはぎいた》鋲留《びょうどめ》短甲《たんこう》との関連を指摘している。革綴ではなく鋲留という違いはあるが、縦長鉄板で甲を形成する例は他に東アジアで見当たらず、橋本氏もこの短甲が起源と考える。また、方形板革綴短甲そのものも大韓民国釜山《プサン》市の福泉洞六四号墳から出土しており、この種の鉄製武具は朝鮮半島東南部との強い結びつきを背景に四世紀の日本列島に出現したといってよい。

東アジア史の流れのなかで

先に述べたように、雪野山古墳を第二期に、安土瓢箪山古墳を第三期にあてるとすると、雪野山古墳は三世紀末から四世紀前葉、安土瓢箪山古墳は四世紀中葉に築造されたものとなる。

両者の間、四世紀前葉といえば、紀元三一三年に高句麗が楽浪郡を滅ぼし、その三年後に中国の西晋が匈奴によって滅ぼされている。日本列島では、ヤマト王権とそれに近しい最高首長たちは、それまで中国を後ろ楯にしており、その象徴として中国鏡などを輸入していた。しかし楽浪郡の滅亡によって、それが困難な状況に陥ったと考えられる。もしこの推測が適切で、前述の雪野山古墳の編年的位置付けが妥当であれば、雪野山古墳出土の中国鏡や中国の鏡を模倣して製作された鏡は、楽浪郡《らくろうぐん》や西晋《せいしん》滅亡以前にヤマト王権と中国との外交関係を背景に副葬されたと考えてよ

図50 ● 安土瓢箪山古墳出土の方形板革綴短甲

いだろう。

楽浪郡が滅び、高句麗が力をもつようになると、朝鮮半島内の勢力地図も大きく変わってくる。高句麗だけではなく、新羅も勢力を拡大したようで、その結果、百済《くだら》と伽耶が圧迫されることとなる。とくに朝鮮半島南東部の伽耶地域はもともと日本とのつながりは強かった。すでに古く、九州の弥生土器や、古墳時代前期の土師器（布留式《ふるしき》土器）を九州筑前の技術で模倣して作った土器がこの地域では発見されている。

その密な交流は倭人による鉄の確保のためもあったであろう。高句麗に圧迫を受けた伽耶地域が、ヤマト王権とさらに親しい関係を築いたことの一環として、筒形銅器が伽耶地域と列島とで古墳に副葬されたり、あるいは竪矧板革綴短甲や方形板革綴短甲を製作する工人が列島に渡って来たりしたのではないだろうか。安土瓢箪山古墳の副葬品は、このように朝鮮半島東南部地域とヤマト王権との関係がより密になったことを象徴しているのではないかと考えられる。

4　古墳時代前期の首長間関係

首長墓のランクづけ

同時に、雪野山古墳出土の三角縁神獣鏡は、当時の日本列島社会における首長間関係も暗示している。

都出氏は古墳の墳丘形態と規模が当時の首長同士の社会的格差を示すと考え、つぎのようなモデルを提示した。前方後円墳→前方後方墳→円墳→方墳の順でランクが低くなり、おなじ墳丘形態であればより大きな墳丘がより高い地位を象徴するというモデルである。ただし、関東、東北地方では必ずしもこのような規範は守られなかった可能性が高い。またこのランクづけの基準は地域ごとに独立しており、たとえば同じ方墳といっても、奈良盆地の方墳の被葬者の地位は、他地域の首長がそれを認識していたかは別にして、他地域の前方後円墳の被葬者と同じくらいの地位にあった可能性がある。

古墳時代の王権の中枢が位置していたと推測される奈良盆地の首長たちの勢力は例外的に大きかったようで、たとえば、ランクが低いとされる方墳の鴨都波一号墳からは三角縁神獣鏡が四面（棺内一面、

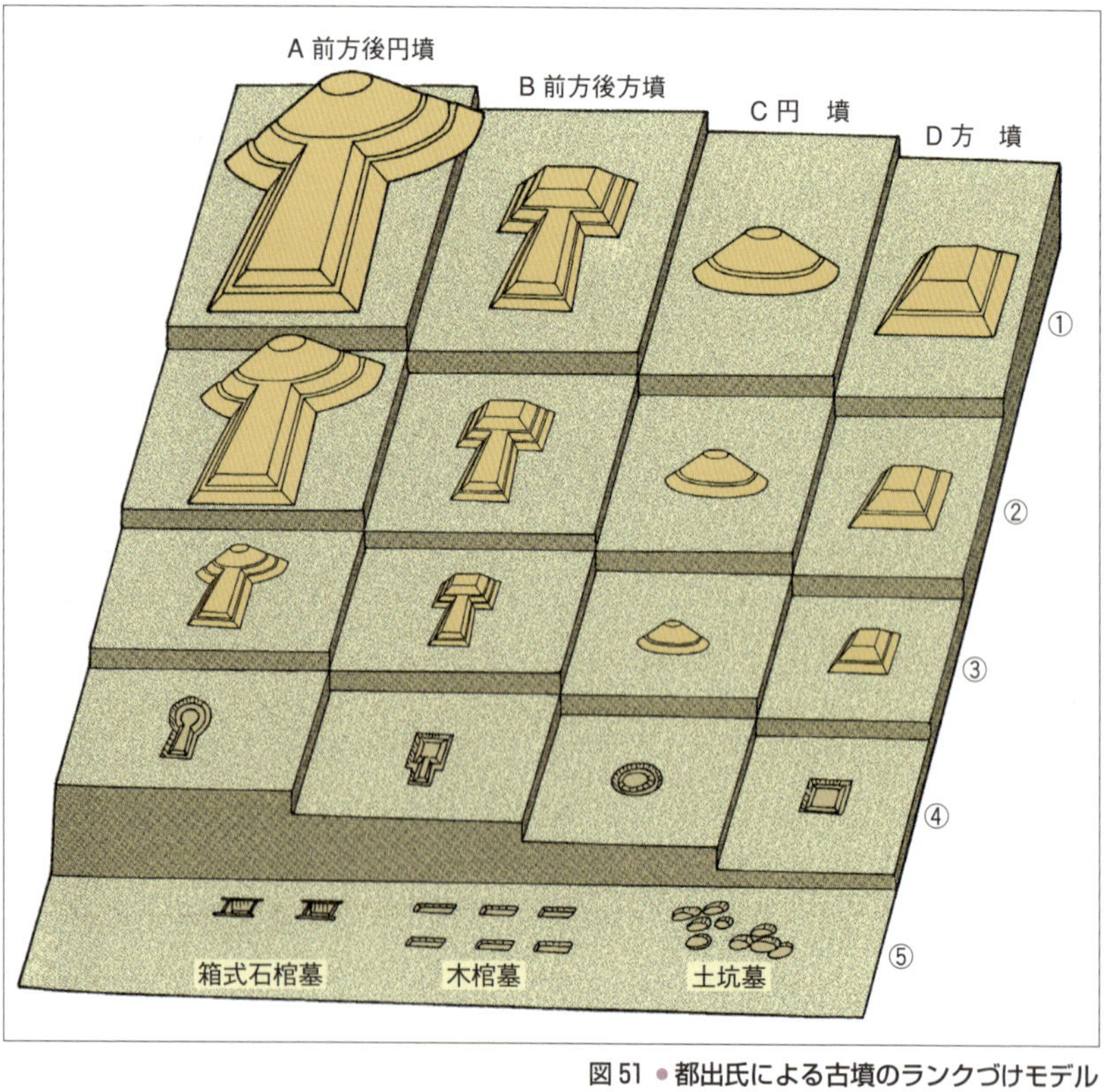

図 51 ● 都出氏による古墳のランクづけモデル

棺外三面）発見された。また三角縁神獣鏡三三面が棺外におかれていた黒塚古墳は、全長一三二メートルの、この地域では中規模の前方後円墳である。それでも個々の地域内では墳丘形態、規模と副葬品の内容その他の属性に明確な相関関係が、後に畿内と呼ばれる近畿地方中央部とその周辺では見られるので、こういう地域においては都出氏のモデルの蓋然性は高いといえる。

雪野山古墳は首長墓と前章で述べたが、黒塚の所在する奈良盆地はもちろん、山城地域の前方後円墳の被葬者に比べ、首長として雪野山古墳の被葬者の生前の地位はとくに高くはなかったと考えられる。確かなことは、奈良盆地の前期巨大前方後円墳は二〇〇メートル級、山城の前期巨大前方後円墳は一〇〇メートル級であるのに対して、七〇メートル級という雪野山の規模は、同じ前方後円墳とはいえ、一ランク落ちる。このことは、その他の古墳の属性からもいえることである。

鏡の副葬と首長の地位

まず三角縁神獣鏡が副葬された数とその扱われ方の問題である。雪野山古墳の三面に対して、黒塚古墳の三三面、椿井大塚山古墳の三三面以上の違いは大きい。また雪野山古墳では棺内に遺骸と一緒に副葬されていたのに、出土状況の明確な黒塚では、三角縁神獣鏡はすべて棺外に置かれており、棺内には一段階古い画文帯神獣鏡《がもんたいしんじゅうきょう》のみがおかれていた。椿井大塚山では出土状況が明確ではないが、おそらく棺内におかれたであろう画文帯神獣鏡とは別に、三角縁神獣鏡はどうも棺外におかれていたようだ。

つまり、雪野山古墳の被葬者は三角縁神獣鏡を棺内で大切に扱っているのに、奈良盆地、山城の最高首長たちは棺内にはおかず、最重要視していなかったらしい。三角縁神獣鏡は、後述するように、当時の社会で非常に大きな意味をもっていたものであるから、それより重要な鏡(棺内におかれた画文帯神獣鏡)を入手できた黒塚古墳、椿井大塚山古墳の被葬者は、雪野山古墳の被葬者よりも高い社会的地位を占めていたと考えられる。

葺石からみた雪野山古墳被葬者の地位

雪野山古墳被葬者の地位に関してもうひとつ注目しておきたいのは、葺石である。葺石のあり方も前方後円墳、後方墳という墳形の序列などと同じく、被葬者の地位を示すという議論がある。

雪野山古墳の葺石は残りが悪かった。一般に石の細い端面を墳丘斜面に突き刺すように葺くのに対し、平たい石の広い底面をそのまま墳丘斜面に置いたように葺いたため、ほとんどの葺石が崩落したらしい。また、墳丘斜面を葺いた石の数がもともと少なかった、貧弱だった。おそらく斜面に一層のみ石が葺かれたのであろう。

これに対し、寺戸大塚古墳(主たる後円部竪穴式石室から三角縁神獣鏡が二面、従属的な前方部竪穴式石室から三角縁神獣鏡一面、別の中国製鏡一面、仿製鏡一面)は、何層にもしっかりと石が葺かれていた。寺戸大塚古墳の葺石を発掘していて、私は大いに感動したものである。

さらに椿井大塚山古墳では、寺戸大塚の葺石とは較べものにならないくらい、個々の石が大きいのだ。とくに斜面最下段の葺石は「根石」といって、他の葺石より大きめの石を用いるが、椿井大塚山の根石一個一個は、人の腰の高さくらいの巨大な石であった。そして椿井大塚山の個々の葺石が、寺戸大塚の根石と同じくらいかそれ以上の大きさだった。

これらの観察にもとづき、葺石のあり方と副葬された鏡の数との間に、ある程度の相関関係が存在することを認識した。つまり、葺石は被葬者の地位を示す属性の一つなのである。この規範が他地域ではどの程度踏襲されたか定かではないが、雪野山古墳は奈良盆地、山城の周辺に位置しており、雪野山古墳の貧弱な葺石は、被葬者の生前の社会的地位の反映かもしれない。

鏡と古墳築造規格の配布

三角縁神獣鏡は、社会的地位の格差と同時に、首長同士のネットワーク、ヨコのつながりも示唆する。その根拠が、近畿地方を中心に南は宮崎県から北は群馬県まで広範囲に分布する同笵鏡、同型鏡である。

かつて小林行雄氏は、三角縁神獣鏡の同笵鏡を、畿内の最高首長が、地方首長との同盟関係あるいは服属の証として配付したと主張した。もちろん樋口隆康氏（京都大学名誉教授）のように、三角縁神獣鏡同笵鏡の分布を単なる商業的流通の所産とする見方もあり、また小林同笵鏡論自体もいろいろ細かい点で修正を余儀なくされているが、その大枠は学界で比較的幅広く受け入れられている。私も小林説を支持しており、その枠組みの中で雪野山古墳被葬者の性格を考えてみたい。

古墳時代前期の奈良盆地の最高首長が各地の地域首長に配付したと考えられるのは三角縁神獣鏡だけではない。第三章でもふれたように、古墳の築造規格も配布されたらしい。このように、首長の持ち物のコピーを受けることにより、首長と受取手との間に一種の上下関係が生じることがある。

民族学的には、ニュージーランドの先住民、マオリ族にこの種の関係が知られている。首長の持ち物のコピーを受け取る場合や貸与を受ける場合があって、これを「維持しながら譲渡(keeping-while-giving)」という。そして、そのコピー、あるいは貸与品を「不可譲の富(inalienable wealth)」という。私は古墳時代前期の三角縁神獣鏡同笵鏡と墳丘築造規格(これは雪野山古墳の場合はあたらないが)は、まさにこのマオリ族の「維持しながら譲渡」に相当すると考え、三角縁神獣鏡同笵鏡に「配付した側」と「配付された側」の社会的上下関係を想定している。単純だが、三角縁神獣鏡を多く保有する首長が「配付した側」とみなす。雪野山古墳被葬者も、後に畿内と呼ばれる地域の首長から配布を直接受けたのであろうと考える。

ただし、奈良盆地の最高首長が、宮崎県から群馬県に至る日本列島各地の地域首長に三角縁神獣鏡を必ずしも直接配付したのではないということだ。たとえば、吉備の首長が奈良盆地の最高首長から受け取った多数の三角縁神獣鏡を、さらに遠隔地の首長に再配布するケースも考えうる。しかし直接、間接配布の違いは三角縁神獣鏡同笵鏡を見ただけではわからない。この点、墳丘築造規格は、コピーを繰り返す過程で、原型(配布元)と若干違いが出てくるようで、直接、間接配布の違いを知ることは不可能ではない。第三章では寺戸大塚古墳と日上天王山古墳の例をあげた。

雪野山古墳被葬者の地位

雪野山古墳に話を戻すと、まず墳丘築造規格は、その立地する痩せ尾根に制約された、雪野山古墳オリジナルである。しかし、三角縁神獣鏡は奈良盆地か場合によっては山城の最高首長からの直接配布であろう。滋賀県内には、雪野山古墳と同時期かそれより古い時期で、雪野山古墳被葬者よりも高い地位、ヤマト王権により近しい位置にあった首長が埋葬された古墳が見つかっていない。

また、雪野山古墳四号鏡の同笵鏡は、これまで吉島古墳（二面）、椿井大塚山古墳、黒塚古墳、奈良県の佐味田《さみだ》宝塚《たからづか》古墳、静岡県の赤門上《あかもんのうえ》古墳から出土している。さらに出土地がわからないものがもう一面あって、合計八面の同笵鏡が知られている。このなかで雪野山古墳が椿井大塚山古墳、黒塚古墳と同笵鏡を共有するということは、雪野山古墳被葬者は中央のヤマト王権により近しい地位を占めていた可能性が高い。

三角縁神獣鏡の同笵鏡は、中央の、ヤマト王権の最高首長と、雪野山古墳被葬者のようにそれを配付された地域首長との上下関係、同盟関係を示すとした。それでは、配布を受けた地域首長同士の関係はどうだろうか。雪野山古墳の調査成果が明らかになる以前は、配布を受けたもの同士は、地理的に近い場合を除き、お互いの認識がないと考えていた。三角縁神獣鏡の再配布の可能性もあるから、なおさら再配布を受けた地域首長同士はお互いを認識できないはずである。

ところが、雪野山古墳の被葬者が九州の首長たちと交流、関係をもっていた可能性があることがわかってきた。

雪野山古墳被葬者と九州との関係

雪野山古墳三号鏡の同笵鏡が福岡市の藤崎遺跡の箱式石棺から出土していたのである。藤崎遺跡では大きな墳丘をもつ「狭義の古墳」は知られていないので、おそらく藤崎遺跡で多数発見されている方形周溝墓《ほうけいしゅうこうぼ》であろう。ちなみに藤崎遺跡の別の六号方形周溝墓からは、備前車塚古墳、山梨県中道町の甲斐銚子塚《かいちょうしづか》古墳、群馬県藤岡市の三本木《さんぼんぎ》古墳と同笵関係をもつ三角縁神獣鏡が発掘されている。

これだけでは九州の首長との関係を議論するには不十分なのだが、松木武彦氏（岡山大学）が雪野山古墳に副葬された銅鏃を研究した成果によれば、鏃身に杏仁形の透孔を穿つ短鋒で大型の鉄鏃二本が、古墳時代を通じて九州地方に特徴的で、とくに前期以前は九州に限られるという。出土総数一三九点の内の二点の問題であるが、例外と片付けられない。なお、一三九点の内九二点は、松木氏のいう「定型的」な銅鏃で、これらは「畿内中央政権を核として配布された政治的威信材」とする。いわば三角縁神獣鏡の銅鏃版ということである。

さらに、鍬形石など腕輪形石製品は、弥生時代の九州の貝輪をモデルとしたことが明らかで、それが古墳時代前期中葉になって古墳副葬品のパターン化したセットの一部として組み込まれるということは、ヤマト王権を頂点とするネットワークに九州の伝統が取り込まれたものという解釈が可能である。

一般的に、腕輪形石製品が副葬されているということは、その古墳の被葬者と九州の首長との直接的関係を示すものではない。あくまでも、ヤマト王権が九州の習慣を取り込んだうえで、ヤマト王権との関係を背景に、腕輪形石製品が副葬されたと理解するのが適切であろう。しかし、雪野山古墳の鍬形石は若干その意味が異なってくる可能性がある。北條氏が観察するように、この鍬形石は九州の竹並古墳の貝輪にその形態がそっくりである。このことは、これがヤマト王権から配布された可能性の他に、九州の首長との直接的関係のお蔭で、この原型にもっとも近い鍬形石を雪野山古墳の被葬者が入手できた可能性も想定できる。

さらに九州との交流を考えるうえで、両小口に縄掛け突起を有する、雪野山古墳のやや特異な形態の木棺と同じ形態の石棺が、佐賀市熊本山古墳から出土していることを松木氏はあげる。ただ、北部九州との交流の根拠となる三角縁神獣鏡、銅鏃、鍬形石、棺の各々が出土した遺跡がすべて異なっているため、北部九州の特定の地域首長との直接的交流、関係を想定するのは困難かもしれない。したがって、従来のヤマト王権を介した交流を考えた方が自然かもしれない。とはいえ、九州との関係を示す副葬品が目立つことはたいへん気になるのである。

第5章　国家形成過程のなかでの雪野山古墳

「初期国家論」と前期古墳

雪野山古墳の発掘調査と相前後する一九九一年、都出比呂志氏は古墳時代を「初期国家」の時代ととらえ、古墳時代の政治組織を「前方後円墳体制」と主張した。都出氏によれば、初期国家とは以下のように定義される。

一　階級的支配者が存在する。
二　社会的剰余が恒常的に存在し、収奪が可能である。
三　中枢的政体が存在し、公権力の要素をもつ。人民の武装とは区別される軍事編成がある。
四　地縁編成原理がより進んでいる。中間首長による間接支配が存在する。
五　流通に上下関係が生じる。共同体の内外で貢納関係が存在する。

こうした特徴は、国家形成期以前の弥生時代社会と区別できるとするのである。都出氏の論考は、戦後の古墳時代研究の中で記念碑的な業績である。

しかしながら、個性的な古墳を関東や中部高地で調査していると、古墳時代社会のあり方は、全国的にみても、また古墳時代を通した時間的変遷からみても、もっと多様性をもっていたと考えたい。

たしかに、最古の前方後円墳が出現した奈良盆地南東部の大和《おおやまと》古墳群《こふんぐん》には、巨大前方後円墳のまわりに中小の古墳が存在するので、これら中小の古墳を、首長の膝元に形成された「中間首長」としてとらえることは不可能ではない。

それでも、都出氏のいう初期国家の諸特徴は、むしろ古墳時代中期の畿内、吉備など一部地域により明確にあらわれるのであって、前期から本州、四国、九州の諸地域をすべて同等の初期国家と扱うことには躊躇を感じる。

仮に、大和では前期に初期国家段階に達していたとしても、地域による社会進化のスピードが大きく異なり、「部族」社会や、国家の前段階とされる「首長制」社会など、初期国家よりも単純な、より未発達な組織の社会が各地に残っていたことが、都出説では十分に言及されていないようだ。

雪野山古墳が築造された古墳時代前期の中ごろ（四世紀初め）は、初期国家段階かそれに近い段階まで発達したヤマト王権の呼び掛けに応じて、それに賛同した各地の首長たちのルーズな連合体、「首長同盟」ともいうべき社会であった。

モデル図（次ページ、図52）に拠りながら、とくに主張したいのは、各地の首長たちとその影響下の地域社会が、ヤマト王権の意図とは別に、比較的自律的かつ主体的に行動できた可能性である。

たとえば、古墳時代前期には、前方後円墳を築かなかった地方首長もまだ多かったようであるし（図で首長同盟の枠外にいる地方首長）、交流する相手地域も自由に選択できた（ヤマト王権を介さず交流する相手の存在）。

同時に、集落から出土する、一般の人びとの日常容器である土師器から、その地域の首長による宝器や武器などで象徴される他地域との交流とは別に、集落の住民たちの間には、それ以前の時代からつながっていた、生活的、文化的な交流の伝統があったことがわかる。それは首長間の交流、政治的な関係とは別個なものといえる（図の最下段の■同士の交流）。

ヤマト王権に忠実な雪野山の首長

奈良盆地以外の雪野山古墳のような地方古墳を都出氏は、ヤマト王権を頂点とする「中間首長」と見なしているのかもしれない。それに対して私は古墳時代社会を、さまざまな地域社会の首長間のルーズな連合体であったと考えているが、それでも、雪野山古墳の被葬者はヤマト王権には距離的にも政治的にもきわめて近しい、か

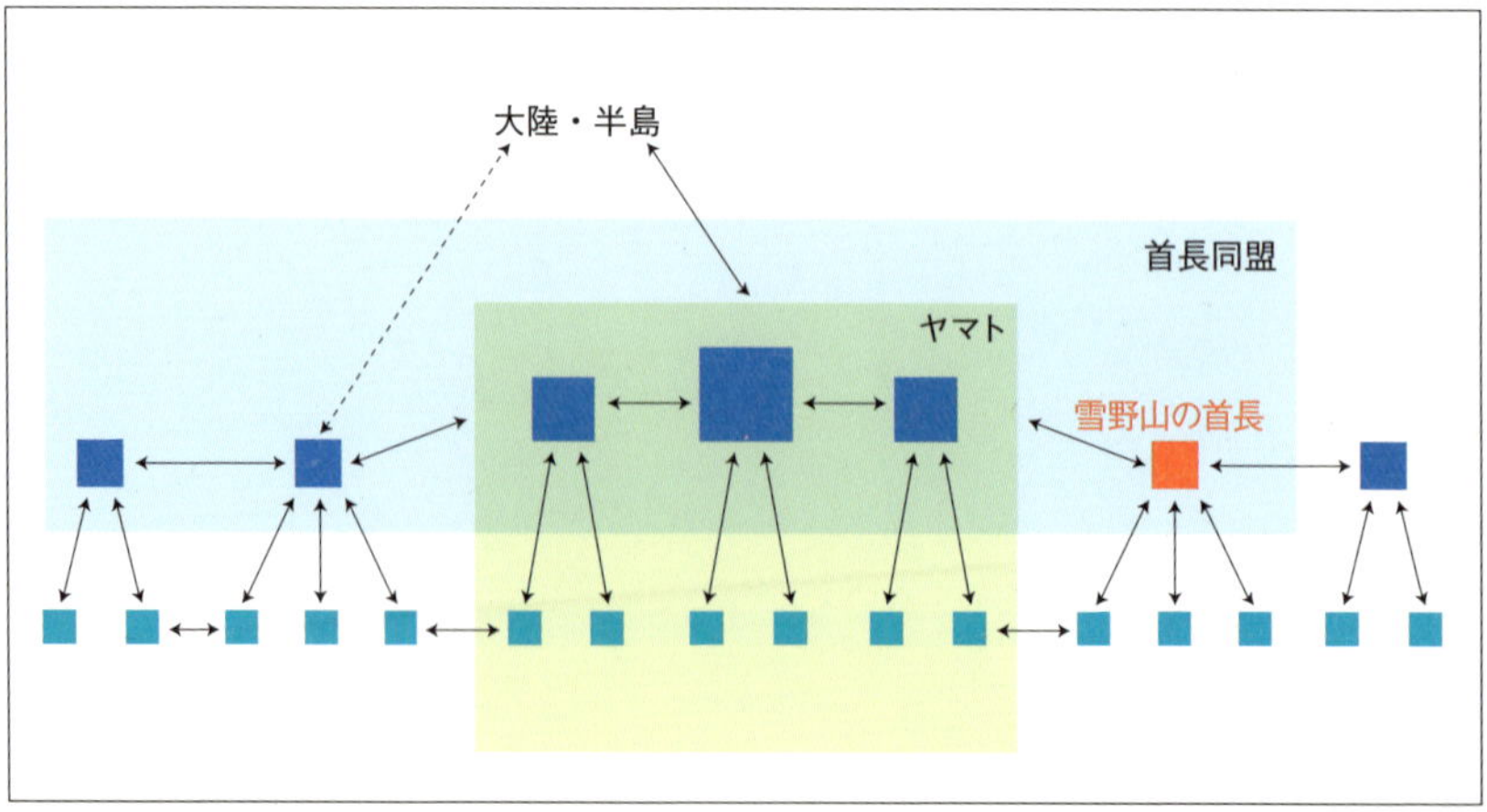

図52 ● 古墳時代前期の首長同盟モデル

なり密接なつながりをもつ地方首長であったように思う。

雪野山古墳の被葬者は、ヤマト王権の中心地に近い近江に本拠をおくとともに、その立地は、前方後方墳を創出し、自律的に行動していたと考えられる、濃尾平野に大きな政治的勢力をもった首長へのルート上に位置している。したがって、その勢力をいくらか牽制するという意味で、ヤマト王権に忠実でなければいけなかったという事情もあったのかもしれない。

いずれにせよ雪野山古墳の被葬者は、舶来の三角縁神獣鏡や、当時の最高技術で製作された鉄製武具などを、ヤマト王権の最高首長から直接受領できる地位を占めていた。

未成熟な首長権

ヤマト王権を頂点とするシステムのなかでは、雪野山古墳の被葬者はそれだけ重要な地位を占めていたようだが、首長としての地位は、国家段階の首長権ほど確立はしていなかったと考えられる。

アメリカ合衆国における国家論研究に大きな貢献をしてきたヘンリー＝ライト氏（ミシガン大学）によれば、国家においては、経済、宗教等社会の諸側面に関する意志決定行為が細分化され、官僚によって分担、掌握されているのに対し、首長制社会においては、中央（首長による）の意志決定行為は内的に細分化されていない。つまり、首長はさまざまな異なった性格の情報をひとりで処理し、対応しなければならない、という。

ライト氏の考えによる、首長制社会の首長の姿は、司祭としての役割と武人としての地位の両方を兼ね備えていた可能性の高い、雪野山古墳の被葬者にもよくあてはまる。司祭的な性格は、ヤマト王権の最高首長も含め、この当時の首長として通有であった。

雪野山古墳の副葬品でいえば、青銅鏡、腕輪形石製品がそういった司祭的な性格をあらわしている。「三種の神器」である鏡、剣、玉も、剣は鉄製で玉は一個に過ぎないが、とにかくそろっている。また、古墳築造過程における儀礼の大切さは第三章で説明した通りである。

と同時に雪野山古墳被葬者は、他の前期古墳の被葬者がそうであったように、武人としての顔ももっていた可能性が高い。実際、雪野山古墳の竪穴式石室出土の武器、武具の量はきわめて多い。

たとえば、銅鏃、鉄鏃合計一三九点という数も多いし、小札革綴冑と木製短甲、あるいは二点の靫の副葬も、武人的側面を強く示唆する。これは雪野山古墳に限ったことではなく、未盗掘に近い状態であった黒塚古墳の鉄鏃一七〇点以上・小札六〇〇点以上や、西求女塚古墳の鉄鏃約五〇点に相通じる性格といえる。

司祭と武人という、違った社会的役割をひとりで担っていたということは、雪野山古墳の被葬者の首長権が未成熟であったことをうかがわせる。また、この首長を頂点とする地域社会も、国家段階から程遠かったといえる。

さらに、雪野山古墳の首長が如何にヤマト王権に忠実であっても、自律的・主体的に行動する余地はあったであろう。九州の首長たちとの交流を想定するのは可能で、それが仮にヤマト王権を介した「間接的」な交流であったとしても、九州と交流をもてるよう、ヤマト王権へ主体的に働きかけることはできたはずだ。そういった所産として、特別な腕輪形石製品を入手したり、縄掛け突起つきの珍しい木棺を採用したりできたのではなかろうか。

雪野山古墳はどちらかというと小さな遺跡である。しかしながら、その発掘成果は、国家形成期において、中央の王権に忠実な、未成熟な首長権を有していた地方首長の姿を如実に語りかけてくれるのである。

主要参考文献

福永伸哉・杉井健（編）『雪野山古墳の研究』滋賀県八日市市教育委員会、一九九六
福永伸哉・岡村秀典・岸本直文・車埼正彦・小山田宏一・森下章司『シンポジウム三角縁神獣鏡』学生社、二〇〇三
御所市教育委員会（編）『鴨都波1号墳　調査概報』学生社、二〇〇一
岸本直文「三角縁神獣鏡の編年と前期古墳の新古」『展望考古学』考古学研究室40周年記念論集、一九九五
小林行雄『古墳時代の研究』青木書店、一九六一
近藤義郎（編著）『権現山51号墳』同刊行会、一九九一
近藤義郎（編）『前方後円墳集成（近畿編）』山川出版社、一九九二
近藤義郎『前方後円墳観察への招待』青木書店、二〇〇〇
奈良県立橿原考古学研究所（編）『黒塚古墳　調査概報』学生社、二〇〇〇
奈良県立橿原考古学研究所（編）『ホケノ山古墳　調査概報』学生社、二〇〇一
新納泉「権現山鏡群の型式学的位置」（『権現山51号墳』所収）
岡村秀典・菱田哲朗・森下章司・岸本直文『椿井大塚山古墳と三角縁神獣鏡』（京都大学博物館図録）京都大学文学部、一九八九
小野山節（編）『王陵の比較研究』京都大学文学部考古学研究室、一九八一
小野山節・山中一郎・菱田哲朗・森下章司・高橋克壽『紫金山古墳と石山古墳』京都大学文学部博物館、一九九三
佐々木憲一「弥生から古墳へ」大塚初重・吉村武彦（編）『古墳時代の日本列島』青木書店、二〇〇三
澤田秀実「前方後円墳の成立過程」『東京都埋蔵文化財センター研究論集』XII、一九九三
田中琢『倭人争乱』集英社、一九九一
都出比呂志（編著）『古墳時代の王と民衆』（『古代史復元』第六巻）講談社、一九八九
都出比呂志「日本古代の国家形成論序説」『日本史研究』三四三号、一九九一
Weiner, Annette B. *Inalienable Possessions.* University of California Press, 1992.

Wright, Henry T. Recent Researches in State Origins. *Annual Review of Anthropology*, Vol. 6 (1977), pp. 379-397.

写真提供

八日市市教育委員会　図1・3・4・5・7・10・11・13・15・16・17・18・19・20・21・22・34・46・47・49

雪野山古墳発掘調査団　図9・14・24・25・26・27・29・30

橿原考古学研究所　図32

『滋賀県立安土城考古博物館常設展示案内』より　図44・50

図の出典

図2・6・12・52　佐々木作成

図8　町田章原図、都出比呂志「前方後円墳の誕生」『古代を考える　古墳』より、一部改変

図21・22・33・37　八日市市教育委員会『雪野山古墳発掘調査　概報Ⅱ』より、一部改変

図23・36　八日市市教育委員会『雪野山古墳発掘調査　概報Ⅲ』より、一部改変

図28　近藤義郎『前方後円墳観察への招待』より、一部改変

図31・51　都出比呂志（編著）『古墳時代の王と民衆』より、一部改変

図35・39・40・41　八日市市教育委員会『雪野山古墳の研究　報告編』より、一部改変

図38・48　八日市市教育委員会『雪野山古墳の研究　考察編』より、一部改変

図42　新納泉「権現山鏡群の型式学的位置」『権現山51号墳』より、一部改変

図43　福永伸哉（他）『シンポジウム三角縁神獣鏡』より、一部改変

図45　『滋賀県立安土城考古博物館常設展示案内』より

図52　佐々木憲一「弥生から古墳へ」『古墳時代の日本列島』より、一部改変

あとがき

私が「遺跡を学ぶ」シリーズで「雪野山古墳」を執筆することになったのには、なにか歴史の因縁のようなものを感じる。というのも、かつて私の父・剛三が、本シリーズが参考にもした、同様に一遺跡・寺院を一冊でコンパクトに解説した中央公論美術出版の「美術文化シリーズ」に、『万福寺』（一九六四）と『清涼寺』（一九六五）を執筆しているからである。

当時、駆け出しの研究者であった父は、清涼寺総合調査で指導的役割を担った先生方から執筆をまかされた。そして時代は下り、私も若輩ながら「雪野山古墳」を執筆させていただいた。この場をかりて、雪野山古墳の発掘調査を主導し、現場では多くのこと教えてくださり、今回の執筆を快諾してくださった都出比呂志先生、福永伸哉先生に深く感謝したい。また、原稿執筆の過程でいろいろとご教示、ご助言を賜った、八日市市教育委員会の石原道洋さんにも感謝したい。

今回の原稿は、大学の校務に忙殺される合間を縫っての執筆となったため、非常に苦労した。最後に、私のこの苦労の成果を一昨年亡くなった父に捧げることをお許しいただきたい。

『雪野山古墳の研究』報告編・考察編

雪野山古墳の発掘調査報告書は、調査を担当、指導した大阪大学の都出比呂志教授の下で、大学の考古学研究室と八日市市教育委員会のスタッフの大変な苦労によって、1996年3月に『雪野山古墳の研究』として刊行された。

報告篇本文254頁、図版100葉と考察篇492頁という二分冊の大冊であり、歴史学、考古学の学界からも広く「完成度が高い研究報告書」として評価され、遺跡の報告書としてはじめて「雄山閣考古学賞」を受賞した。

本報告書の一般頒布分は瞬く間に在庫がなくなり、第二刷が翌年に刊行された。残部がまだ少々あるので、関心のある方は、八日市市教育委員会の生涯学習課に申し込んでください。

- 八日市市教育委員会
  生涯学習課
- 〒527-8527
  滋賀県八日市市緑町 10−5
- 電話 0748（24）1234
- 送料込み 1 万円
  （現金書留にて）

刊行にあたって

「遺跡には感動がある」。これが本企画のキーワードです。

あらためていうまでもなく、専門の研究者にとっては遺跡の発掘こそ考古学の基礎をなす基本的な手段です。また、はじめて考古学を学ぶ若い学生や一般の人びとにとって「遺跡は教室」です。

日本考古学では、もうかなり長期間にわたって、発掘・発見ブームが続いています。そして、毎年厖大な数の発掘調査報告書が、主として開発のための事前発掘を担当する埋蔵文化財行政機関や地方自治体などによって刊行されています。そこには専門研究者でさえ完全には把握できないほどの情報や記録が満ちあふれています。しかし、その遺跡の発掘によってどんな学問的成果が得られたのか、その遺跡やそこから出た文化財が古い時代の歴史を知るためにいかなる意義をもつのかなどといった点を、莫大な記述・記録の中から読みとることははなはだ困難です。ましてや、考古学に関心をもつ一般の社会人にとっては、刊行部数が少なく、数があっても高価なその報告書を手にすることすら、ほとんど困難といってよい状況です。

いま日本考古学は過多ともいえる資料と情報量の中で、考古学とはどんな学問か、また遺跡の発掘から何を求め、何を明らかにすべきかといった「哲学」と「指針」が必要な時期にいたっていると認識します。

本企画は「遺跡には感動がある」をキーワードとして、発掘の原点から考古学の本質を問い続ける試みとして、日本考古学が存続する限り、永く継続すべき企画と決意しています。いまや、考古学にすべての人びとの感動を引きつけることが、日本考古学の存立基盤を固めるために、欠かせない努力目標の一つです。必ずや研究者のみならず、多くの市民の共感をいただけるものと信じて疑いません。

監　修　戸沢　充則

編集委員　石川日出志　小野　正敏

勅使河原彰　佐々木憲一

著者紹介

佐々木憲一（ささき　けんいち）

1962年東京生まれの京都育ち
1995年ハーヴァード大学大学院人類学研究科博士課程修了（Ph.D.）
明治大学文学部助教授
主な著作　「日本考古学における古代国家論」『国家形成期の考古学』（大阪大学考古学研究室10周年記念論集）、「古墳出現期の墓と集落―西日本の事例から」『弥生のムラから古墳のクニへ』学生社、「弥生から古墳へ―世界史のなかで」『古墳時代の日本列島』青木書店、「アメリカ考古学」「類推法」『現代考古学事典』同成社

シリーズ「遺跡を学ぶ」008
未盗掘石室の発見・雪野山古墳（ゆきのやまこふん）

2004年 8月 5日　第1版第1刷発行

著　者＝佐々木憲一

発行者＝株式会社 新 泉 社
東京都文京区本郷 2-5-12
振替・00170-4-160936番　TEL03（3815）1662／FAX03（3815）1422
印刷／太平印刷社　製本／榎本製本

ISBN4-7877-0438-9　C1021

シリーズ「遺跡を学ぶ」　　A5判／96頁／定価1500円＋税

米村　衛 著

001 **北辺の海の民 モヨロ貝塚**

ISBN4-7877-0431-1

オホーツク沿岸の5世紀、北の大陸からやって来たオホーツク文化人が独自の文化を花開かせていた。その後、9世紀にこつ然と消えたこの北辺の海の民の暮らしと文化を、その中心的遺跡「モヨロ貝塚」から明らかにする。

木戸雅寿 著

002 **天下布武の城 安土城**

ISBN4-7877-0432-X

織田信長が建てた特異な城として、いくたの小説や映画・TVドラマで描かれてきた安土城。近年の考古学的発掘調査により、通説には多くの誤りがあることがわかった。考古学的調査から安土城築城の歴史的意義をさぐる。

若狭　徹 著

003 **古墳時代の地域社会復元 三ツ寺Ⅰ遺跡**

ISBN4-7877-0433-8

群馬県南西部にはイタリア・ポンペイのように、榛名山噴火の火山灰の下に5世紀の景観と生活の跡がそのまま残されていた。首長の館跡を中心に、古墳・水田経営の跡・農民の住居跡などから5世紀の地域社会を復元する。

勅使河原彰 著

004 **原始集落を掘る 尖石遺跡**

ISBN4-7877-0434-6

自由奔放で勇壮な精神あふれる土器群を残した八ヶ岳西南麓の縄文人たち。彼らの生活を知りたいと、竪穴住居址の完掘、縄文集落の解明、そして遺跡の保存へと、生涯を賭けた宮坂英弌と縄文集落研究の重要性を熱く語る。

大橋康二 著

005 **世界をリードした磁器窯 肥前窯**

ISBN4-7877-0435-4

17世紀中頃から18世紀中頃にかけて、肥前窯で作られた精巧で優美な磁器は、東南アジアから中近東、ヨーロッパまで輸出された。窯跡の発掘調査や海外の遺跡から出土した資料などから、肥前窯発展の姿を明らかにする。

小林康男 著

006 **五千年におよぶムラ 平出遺跡**

ISBN4-7877-0436-2

縄文から現代まで、連綿と人びとの暮らしが営まれてきた平出の地。戦後まもなく、研究者や村民によってはじめられた平出遺跡の総合学術調査は、縄文・古墳・平安の大集落がこの地に眠っていることを明らかにした。

木﨑康弘 著

007 **豊饒の海の縄文文化 曽畑貝塚**

ISBN4-7877-0437-0

縄文時代、有明海沿岸には、干潟が育む豊富な魚介類を糧に多くの貝塚がつくられた。その中心的遺跡のひとつ・曽畑貝塚出土の土器や貯蔵穴から、朝鮮半島から沖縄諸島に広がる海の交流と曽畑縄文ムラの暮らしを描く。